AF371561

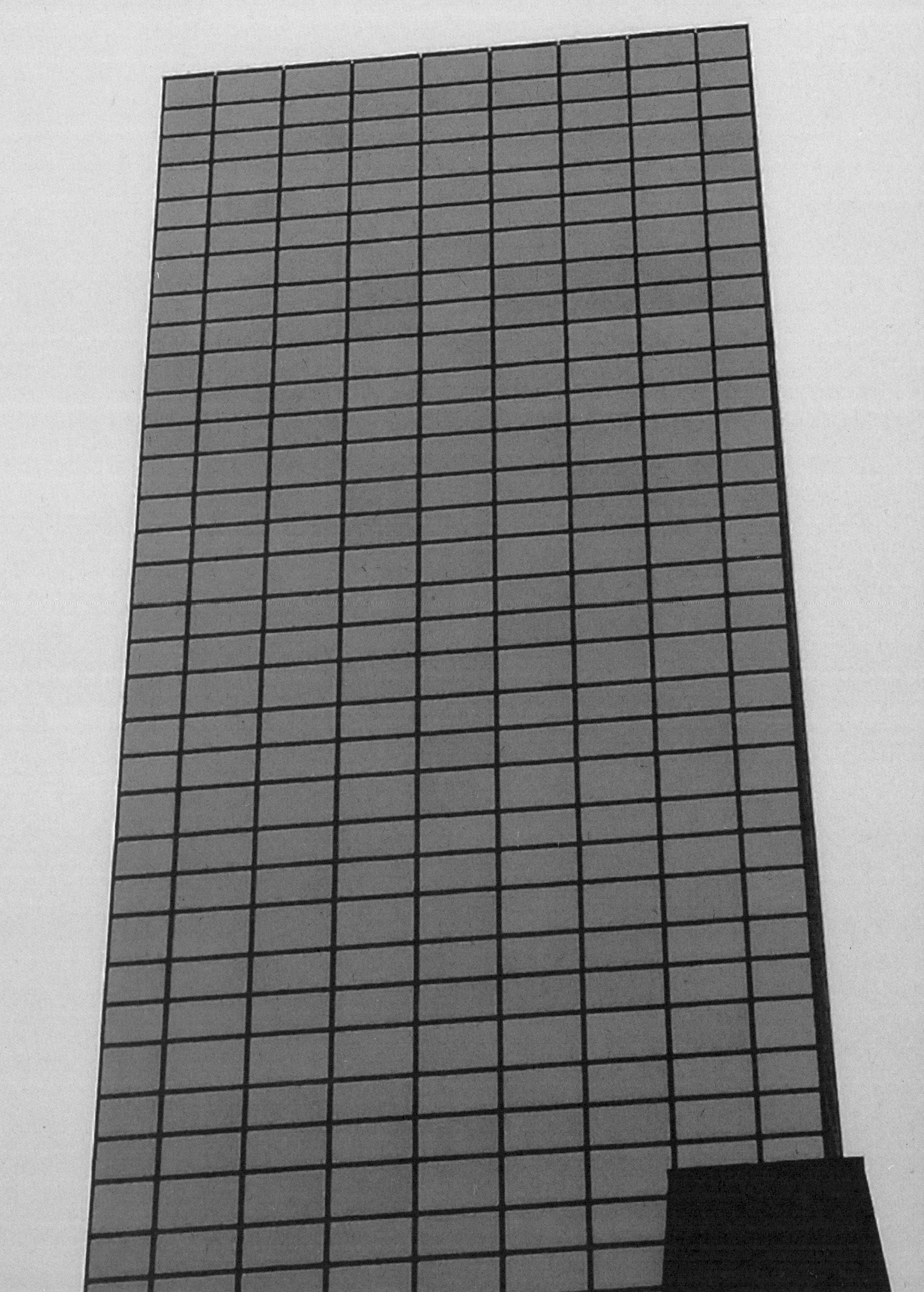

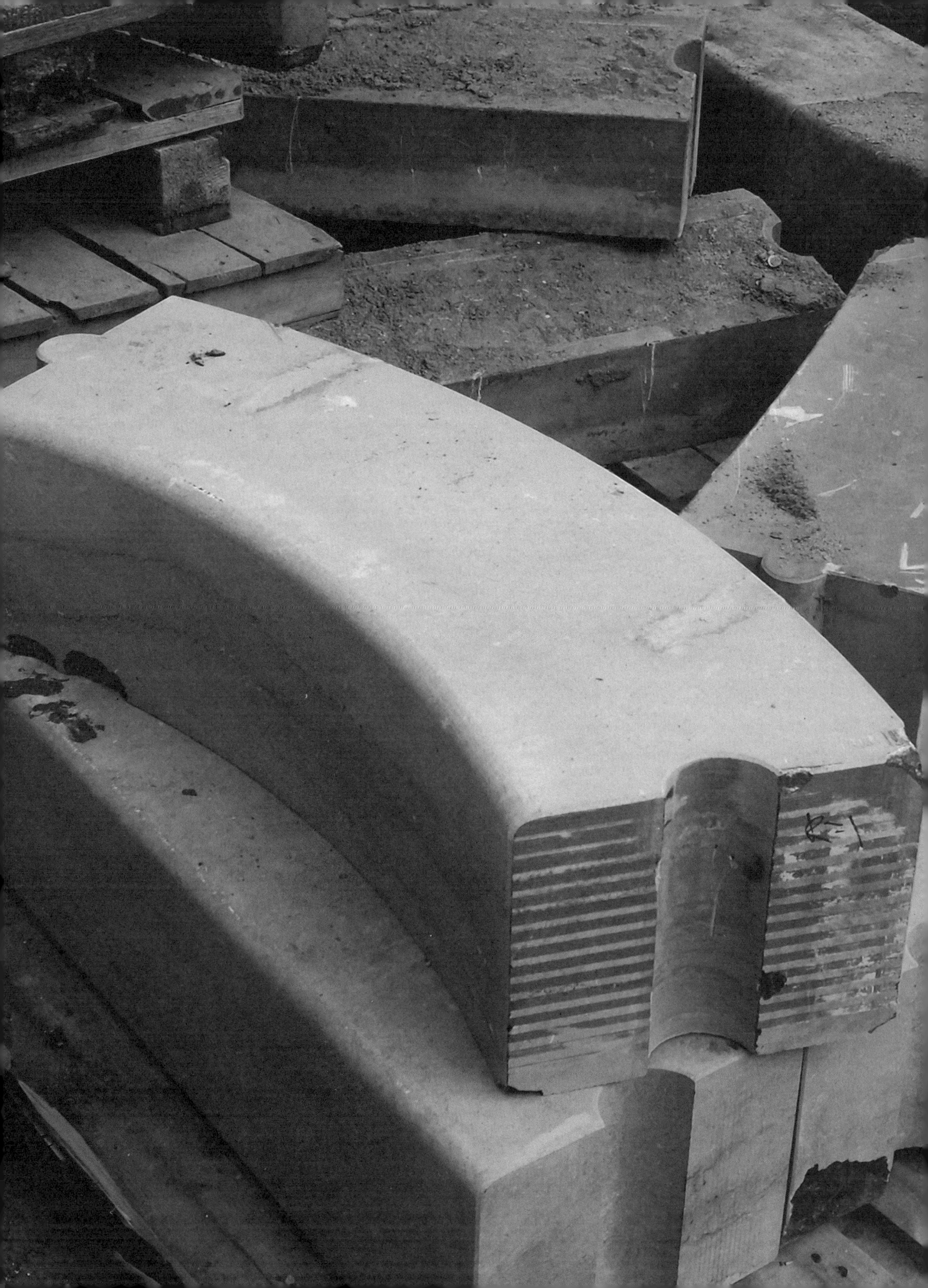

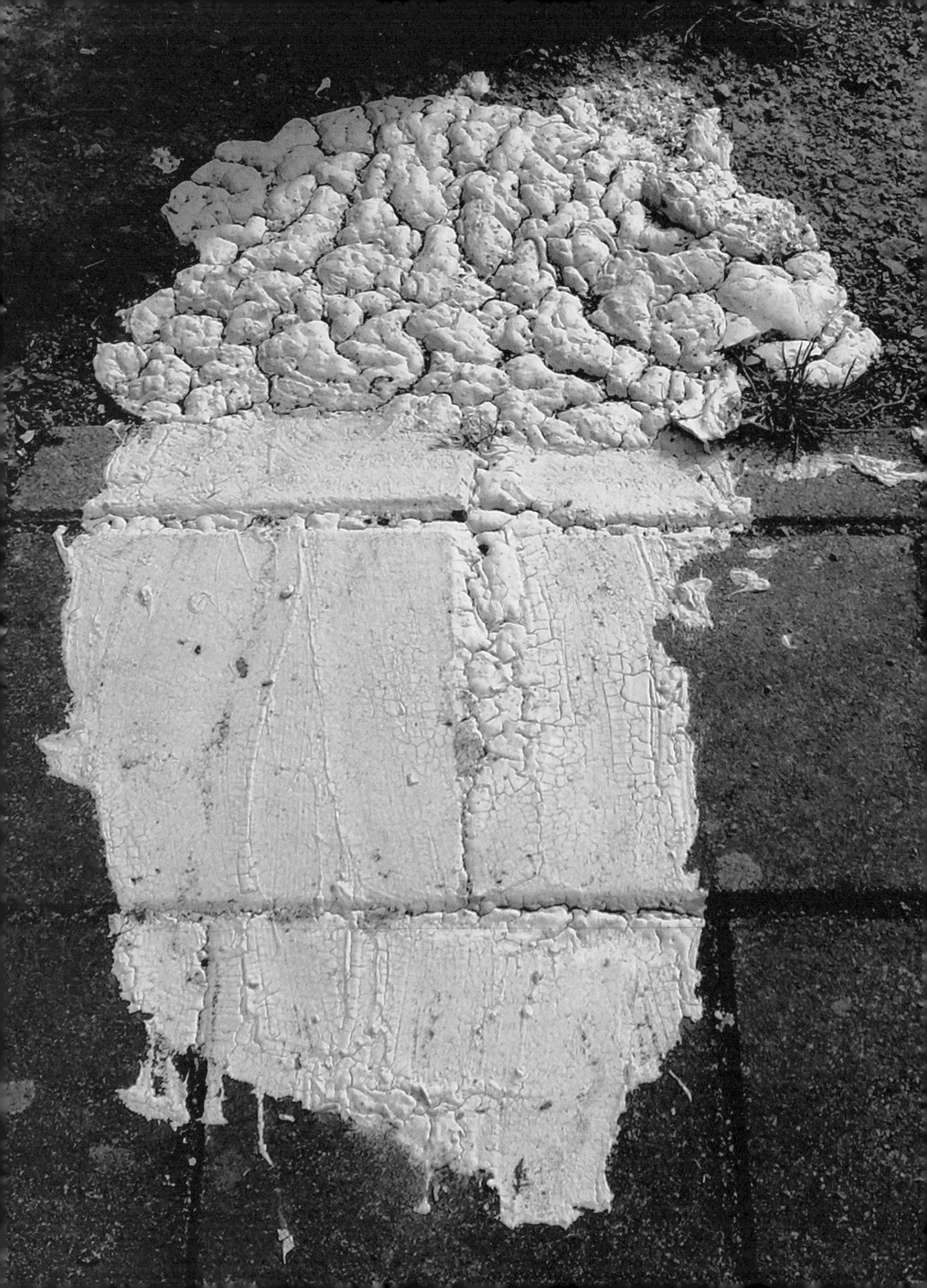

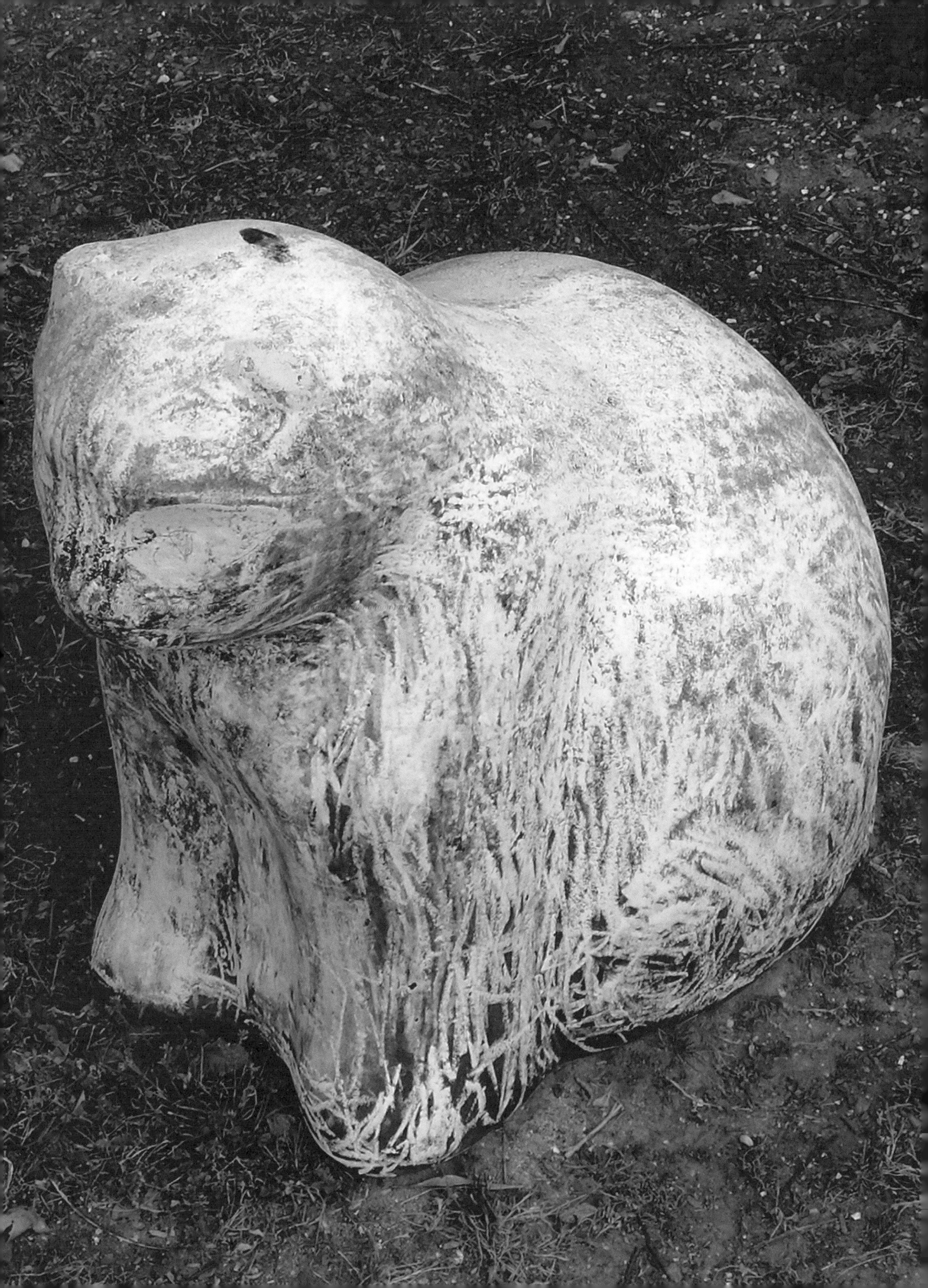

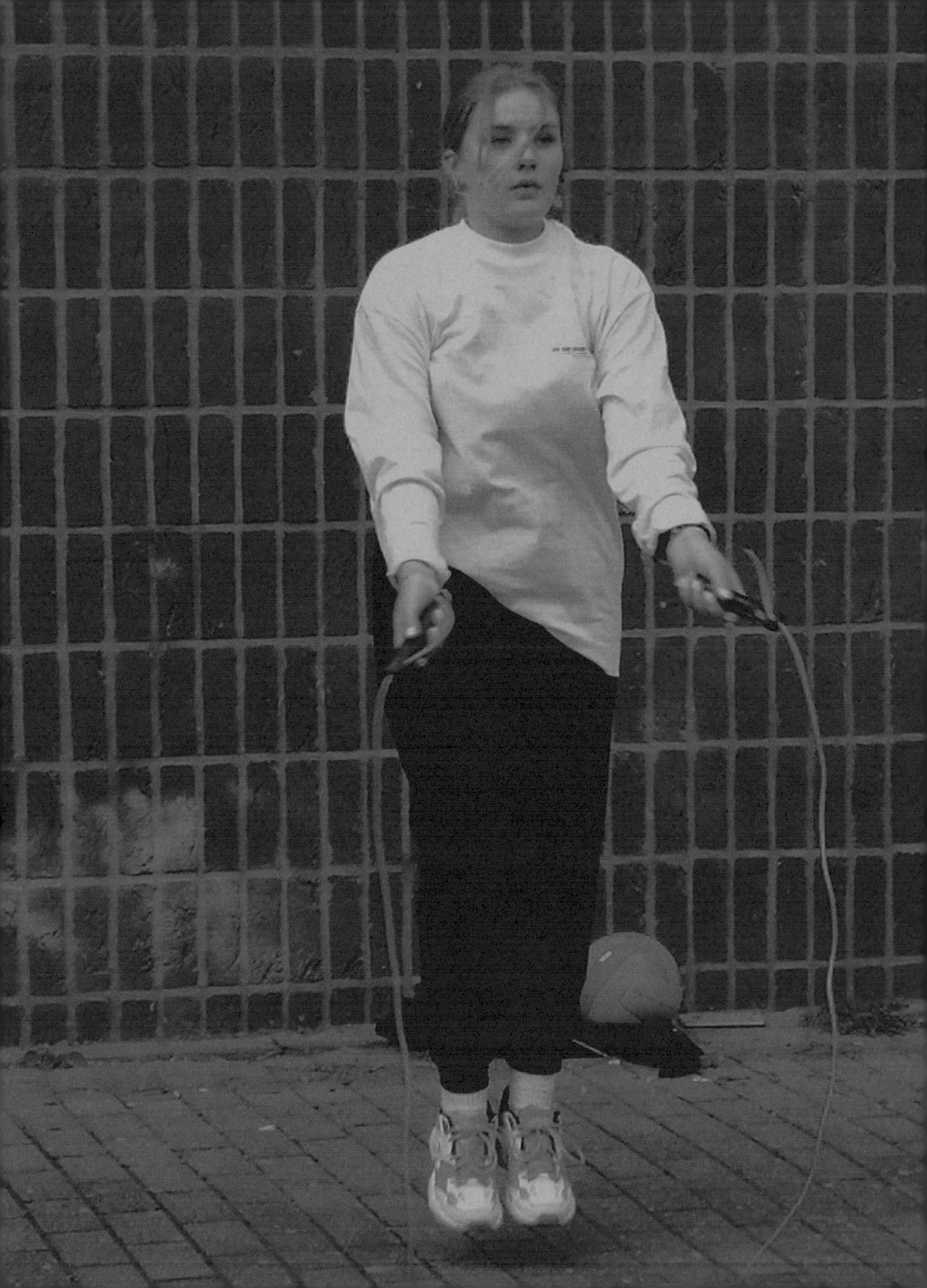

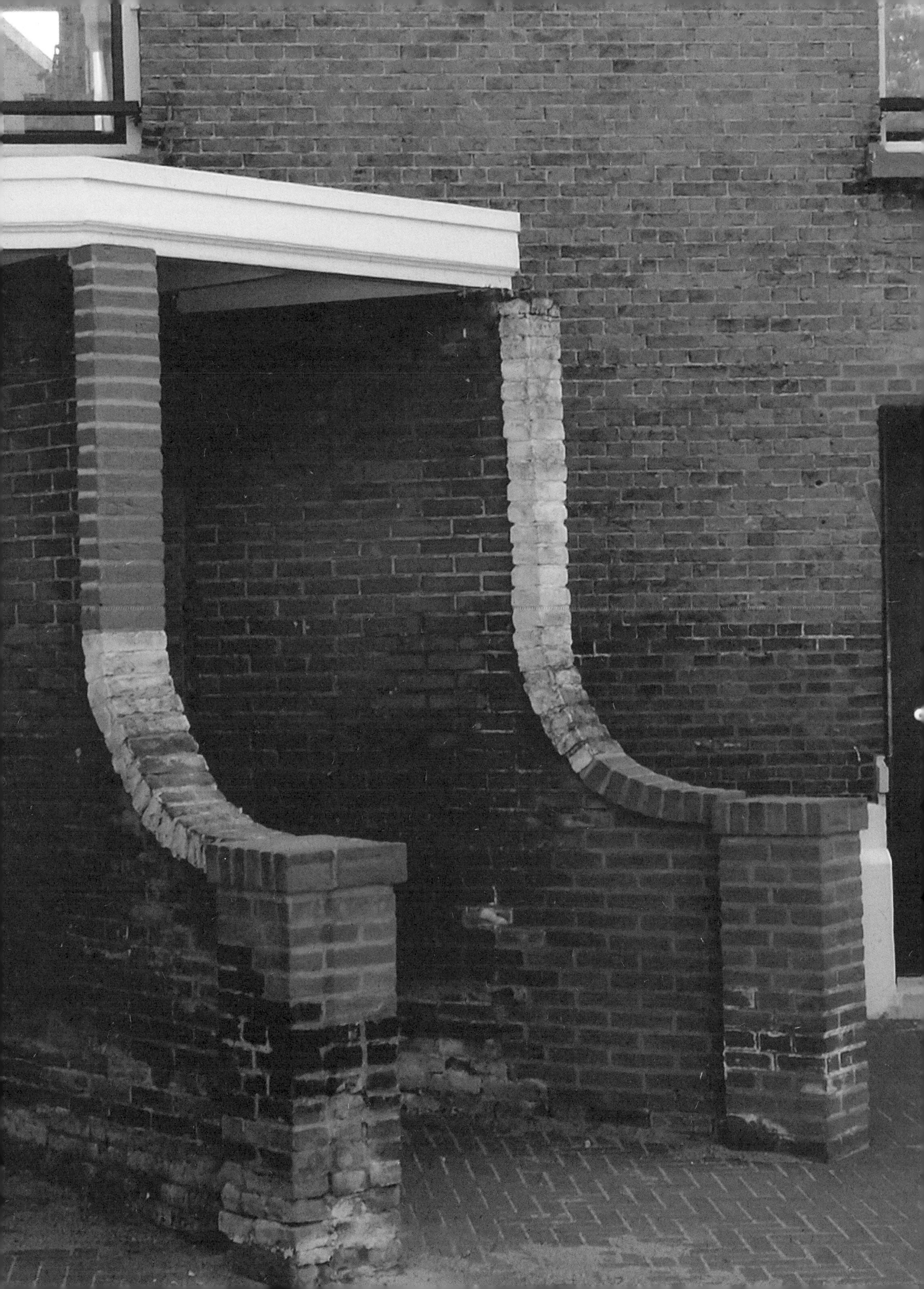

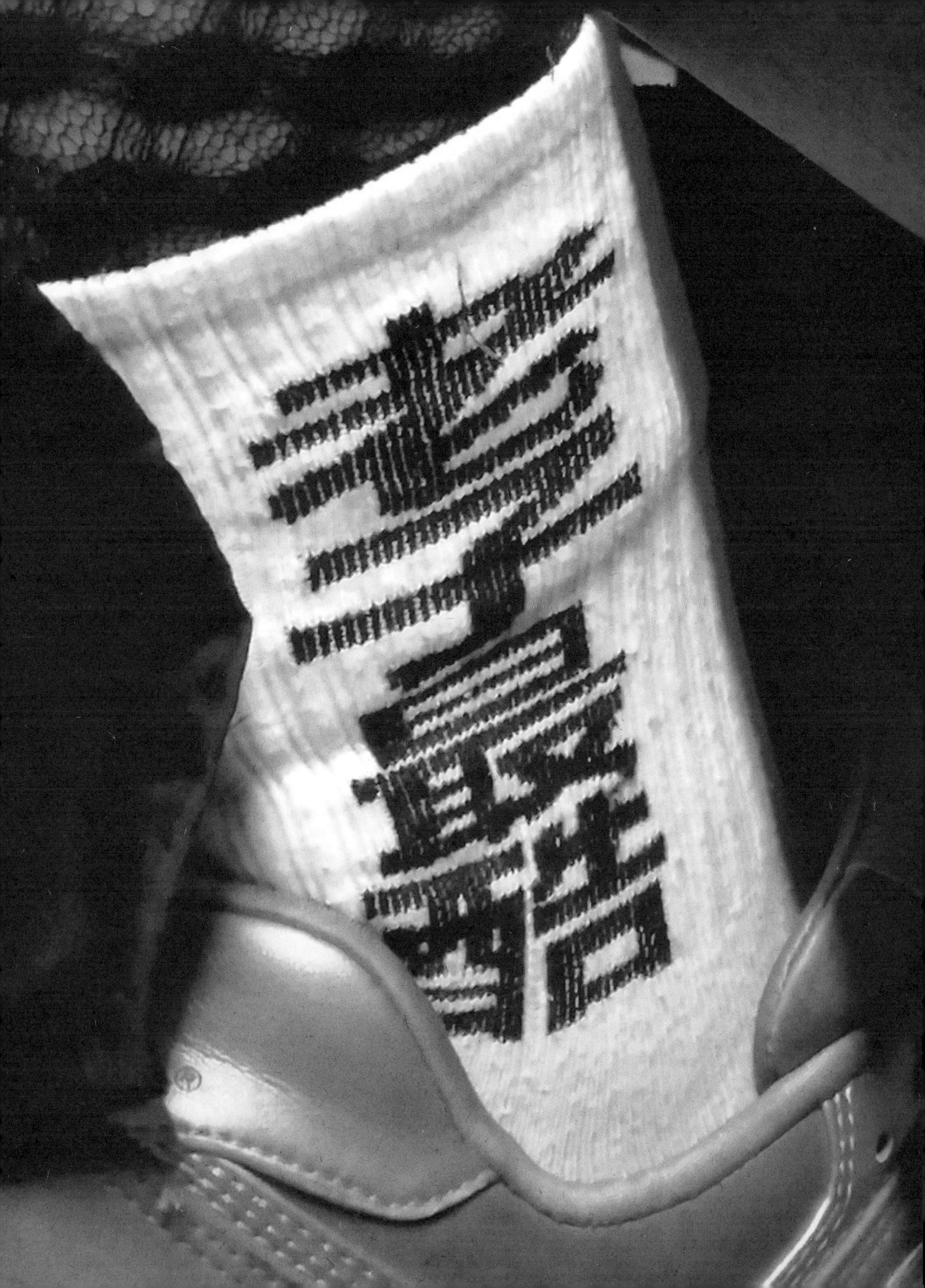

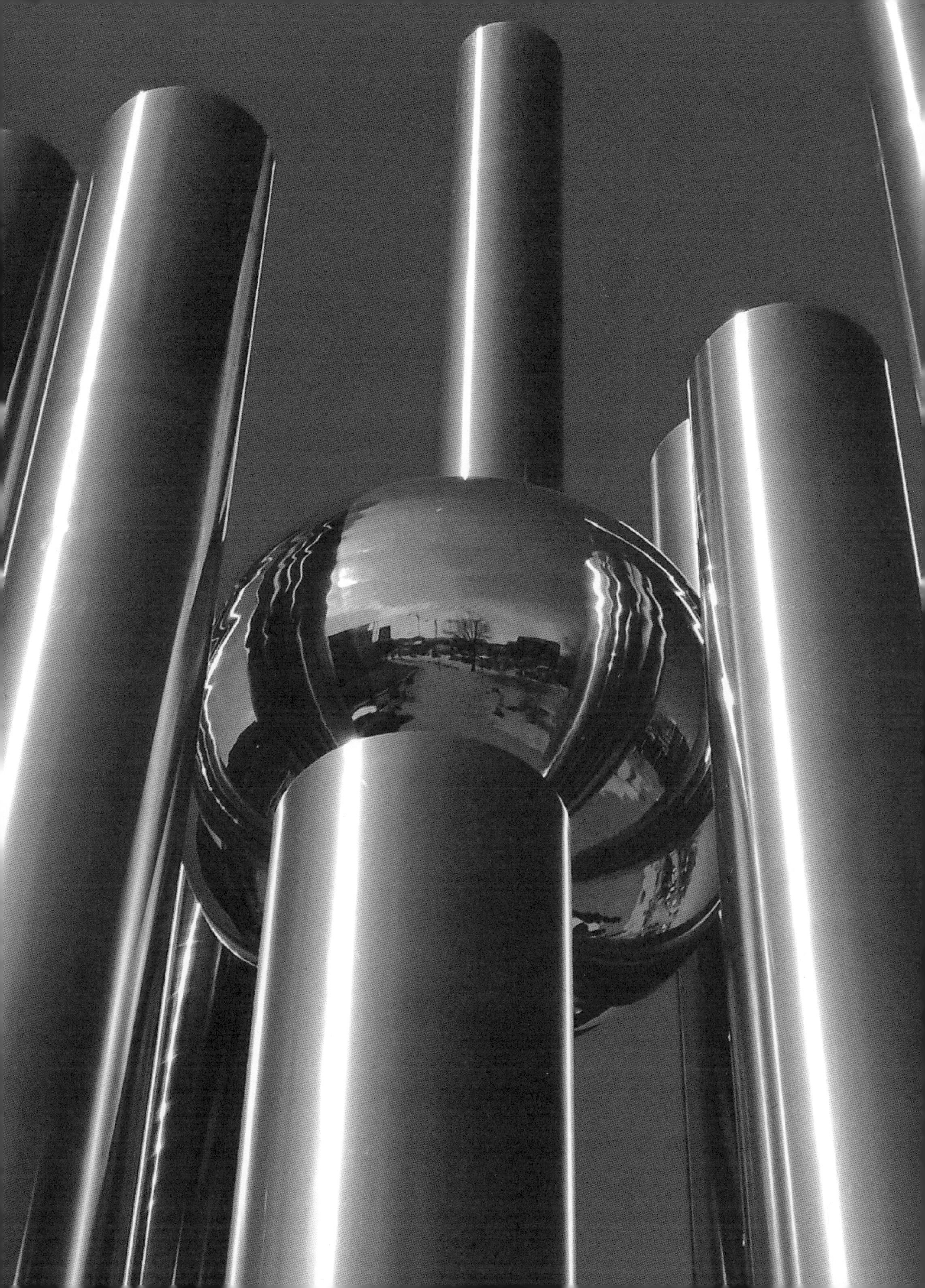

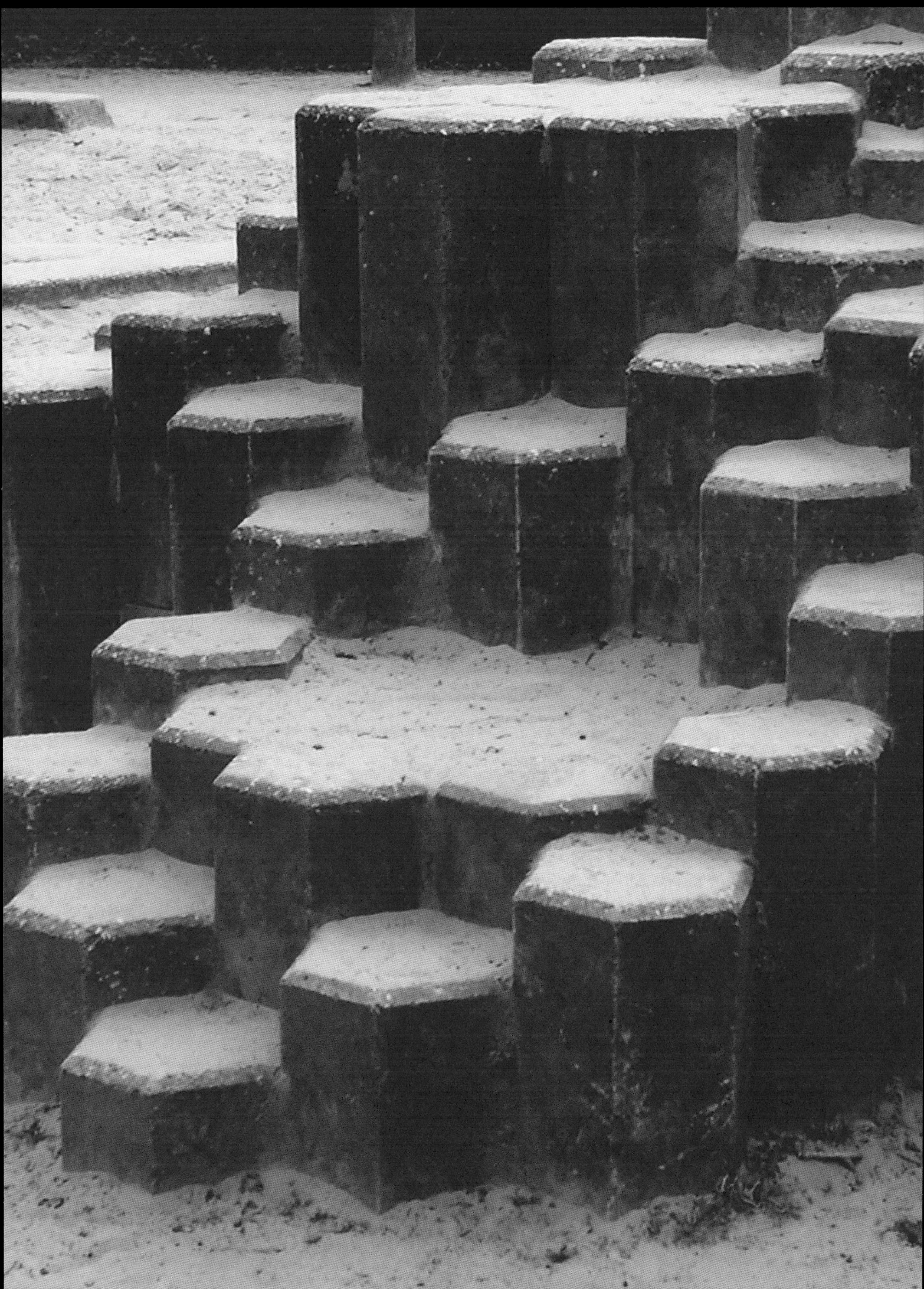

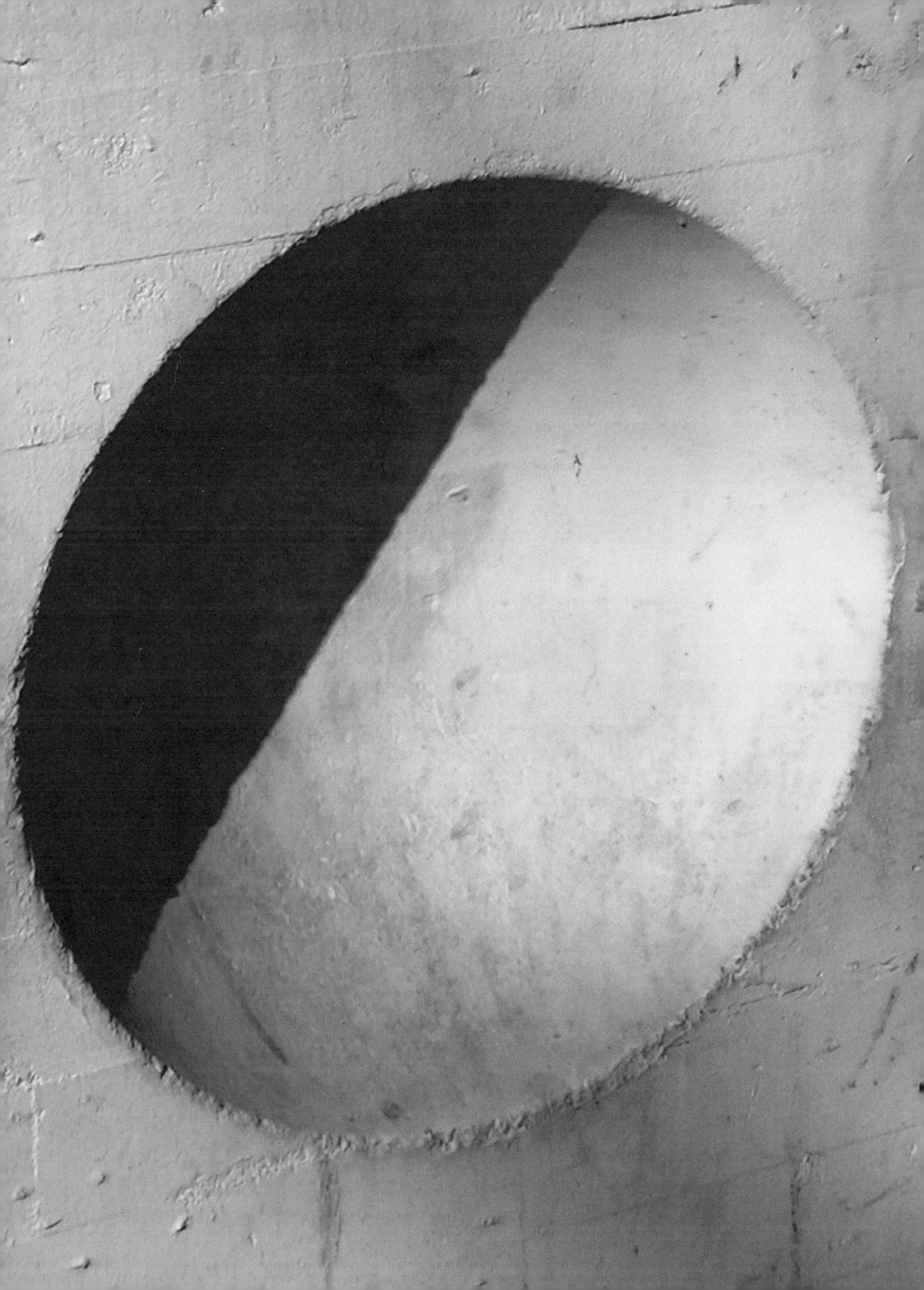

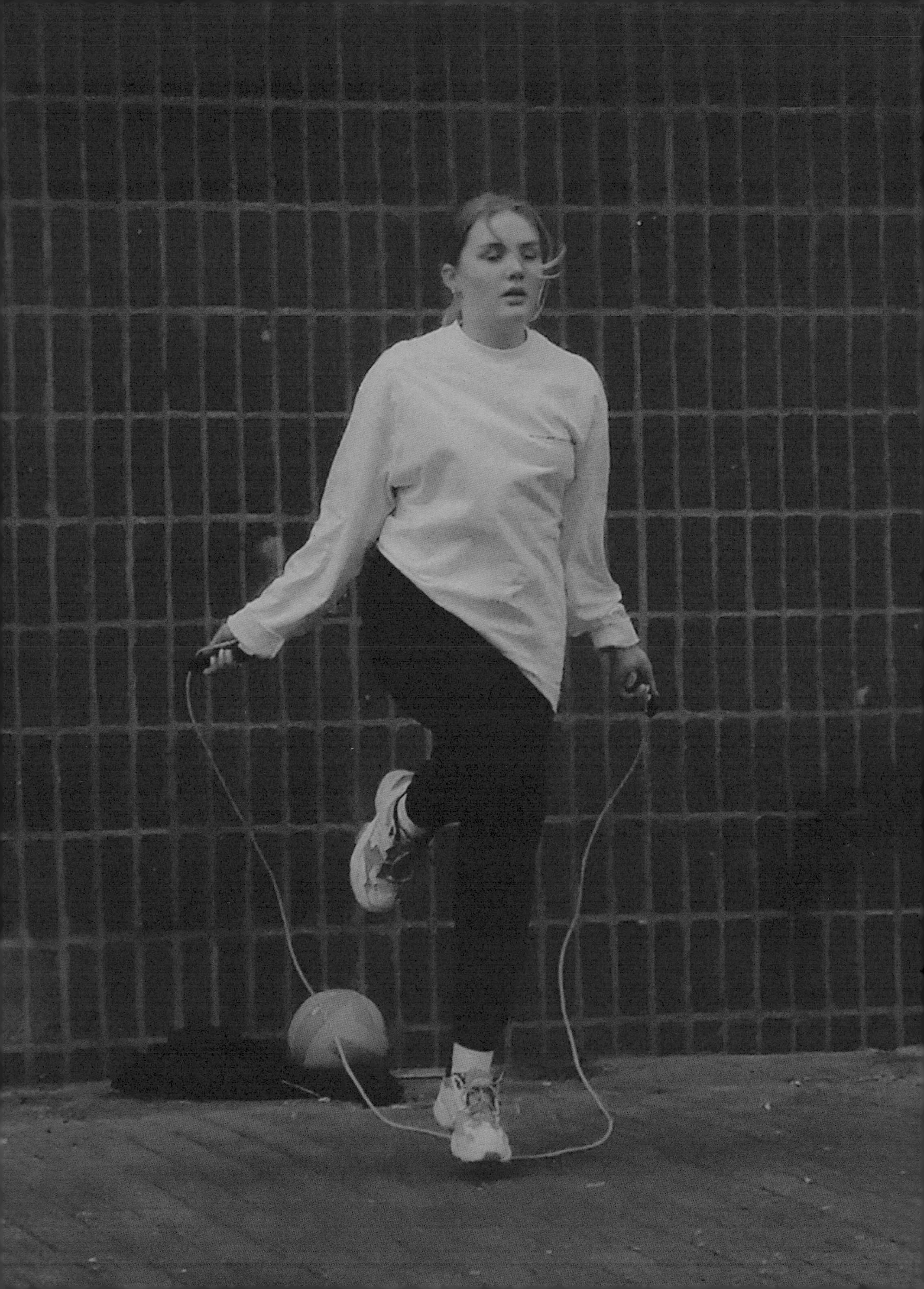

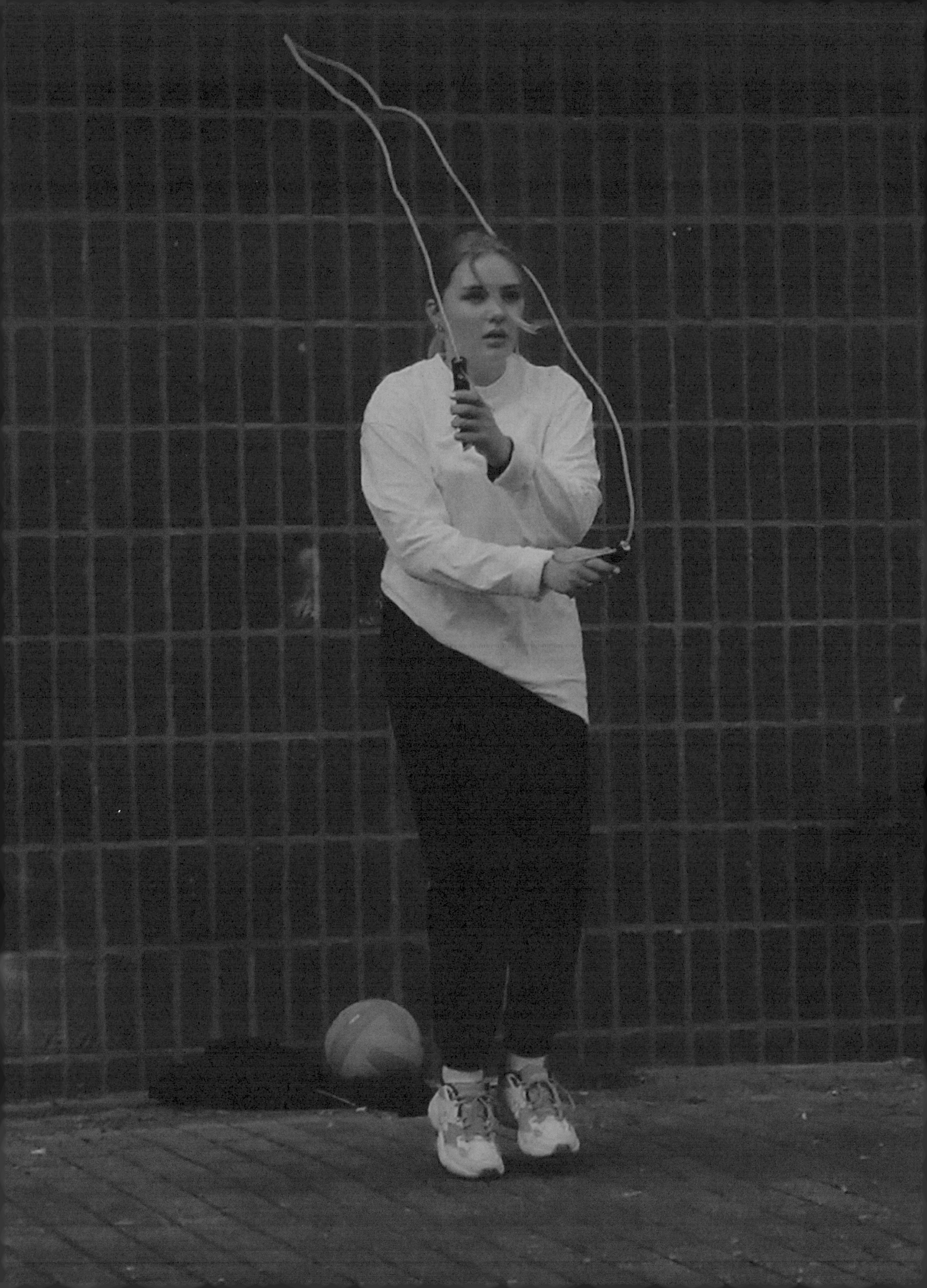

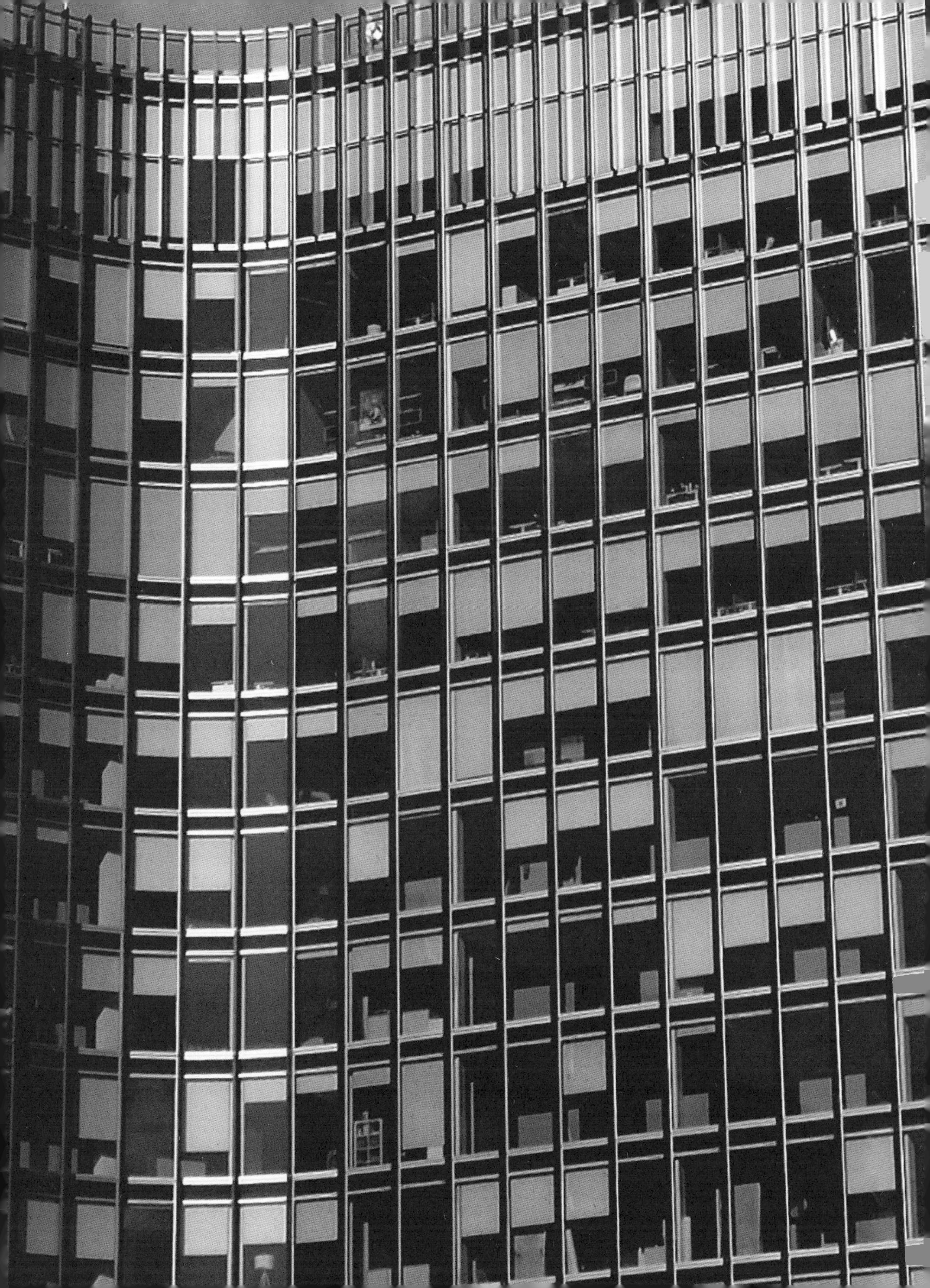

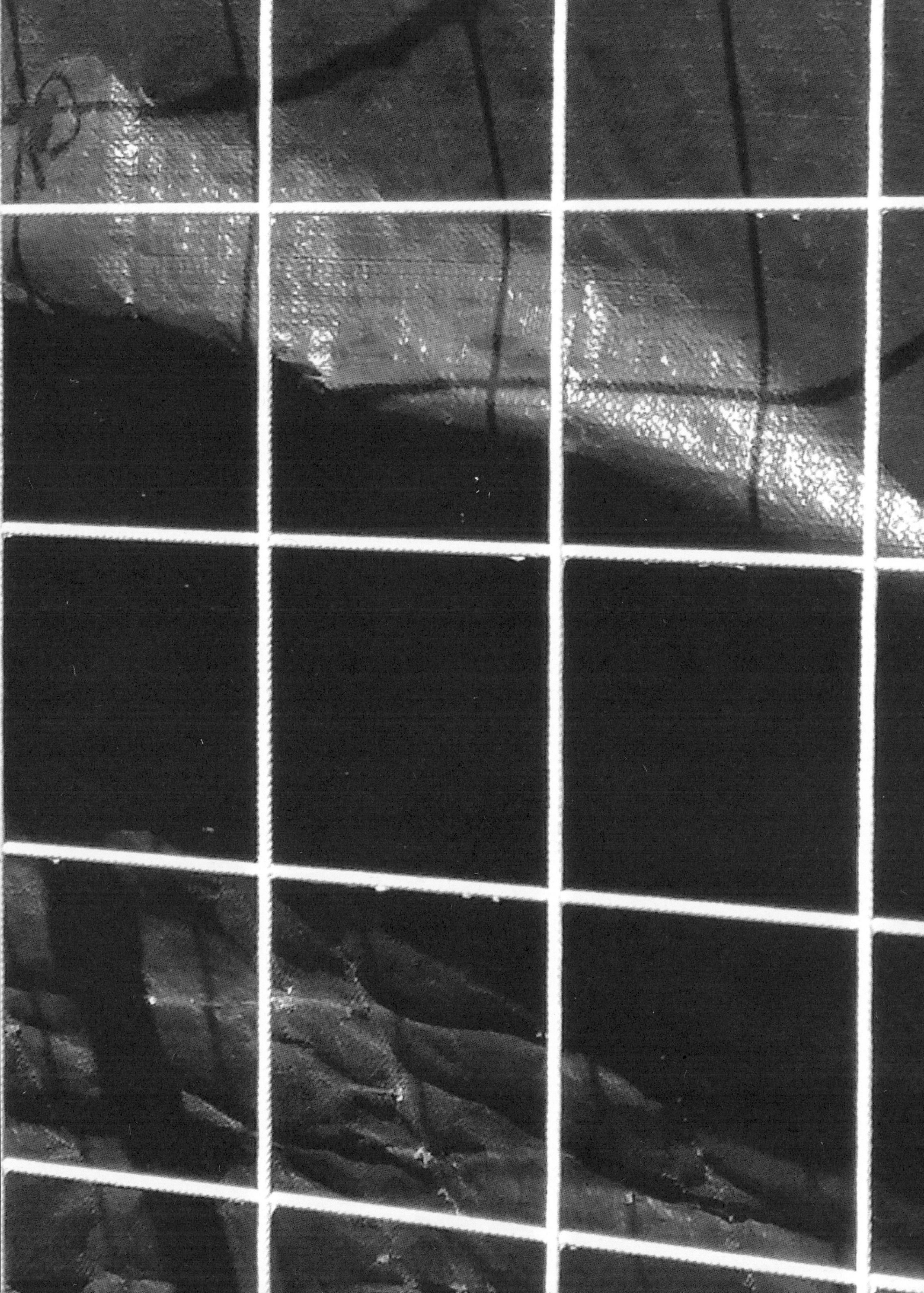

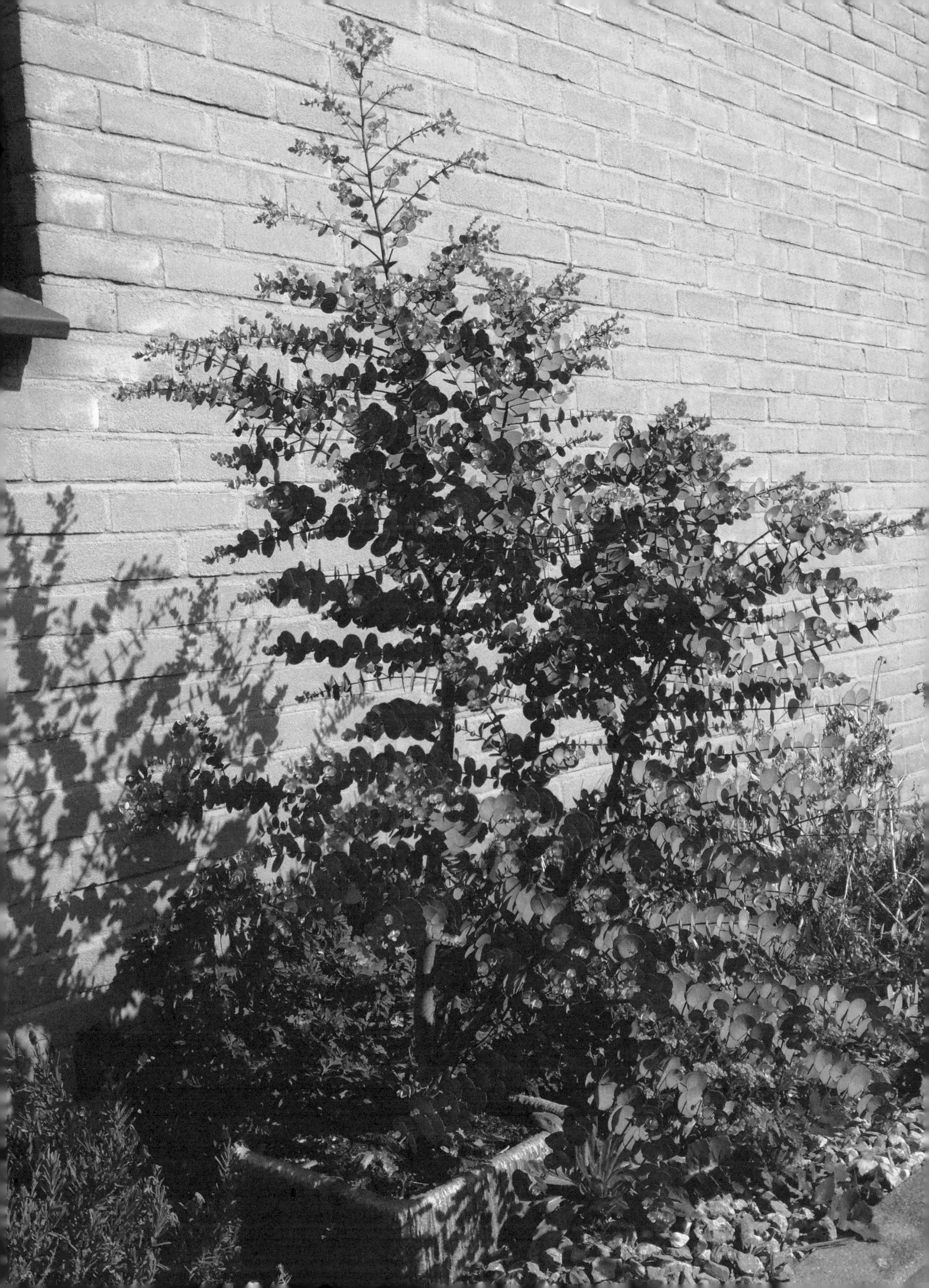

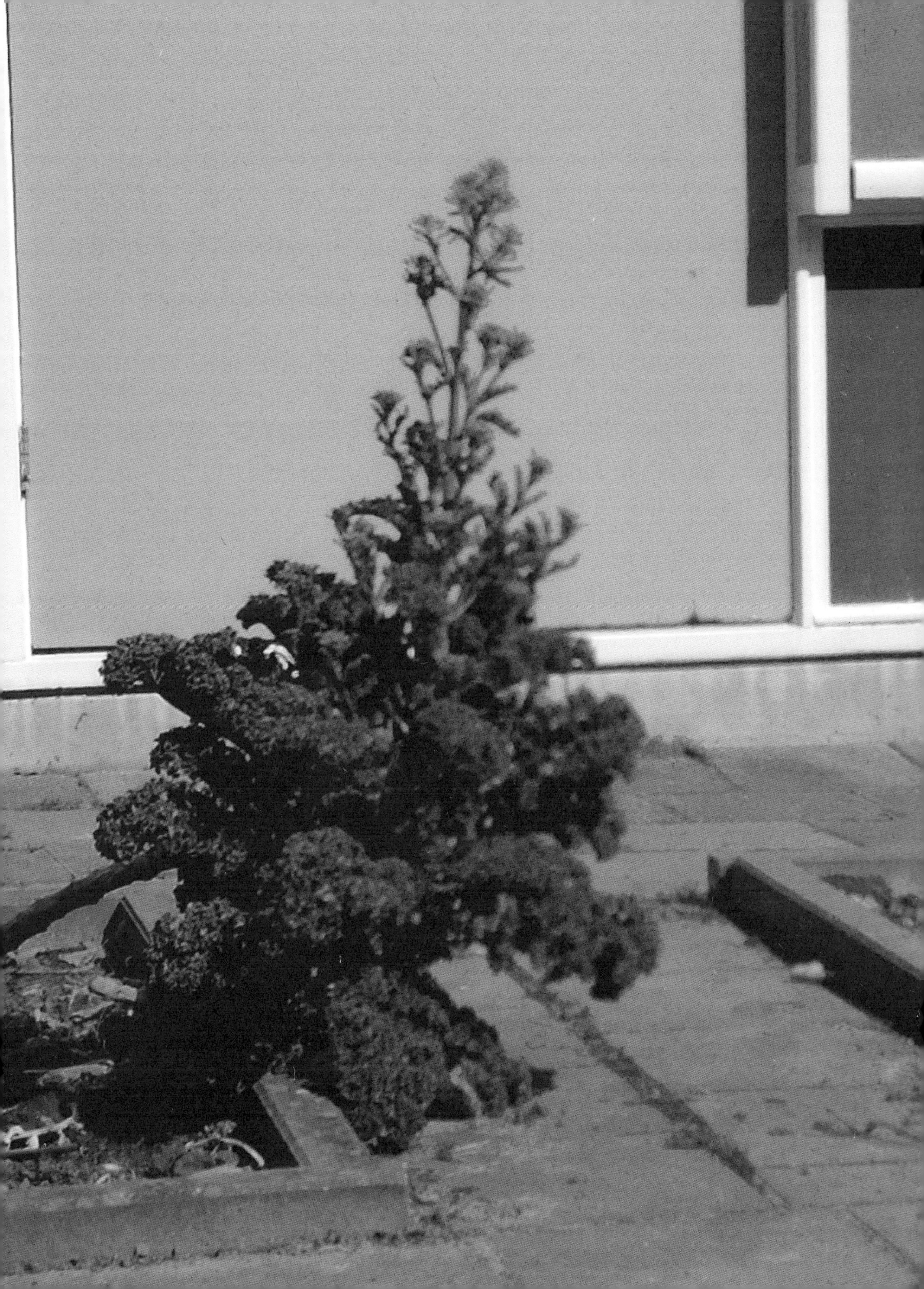

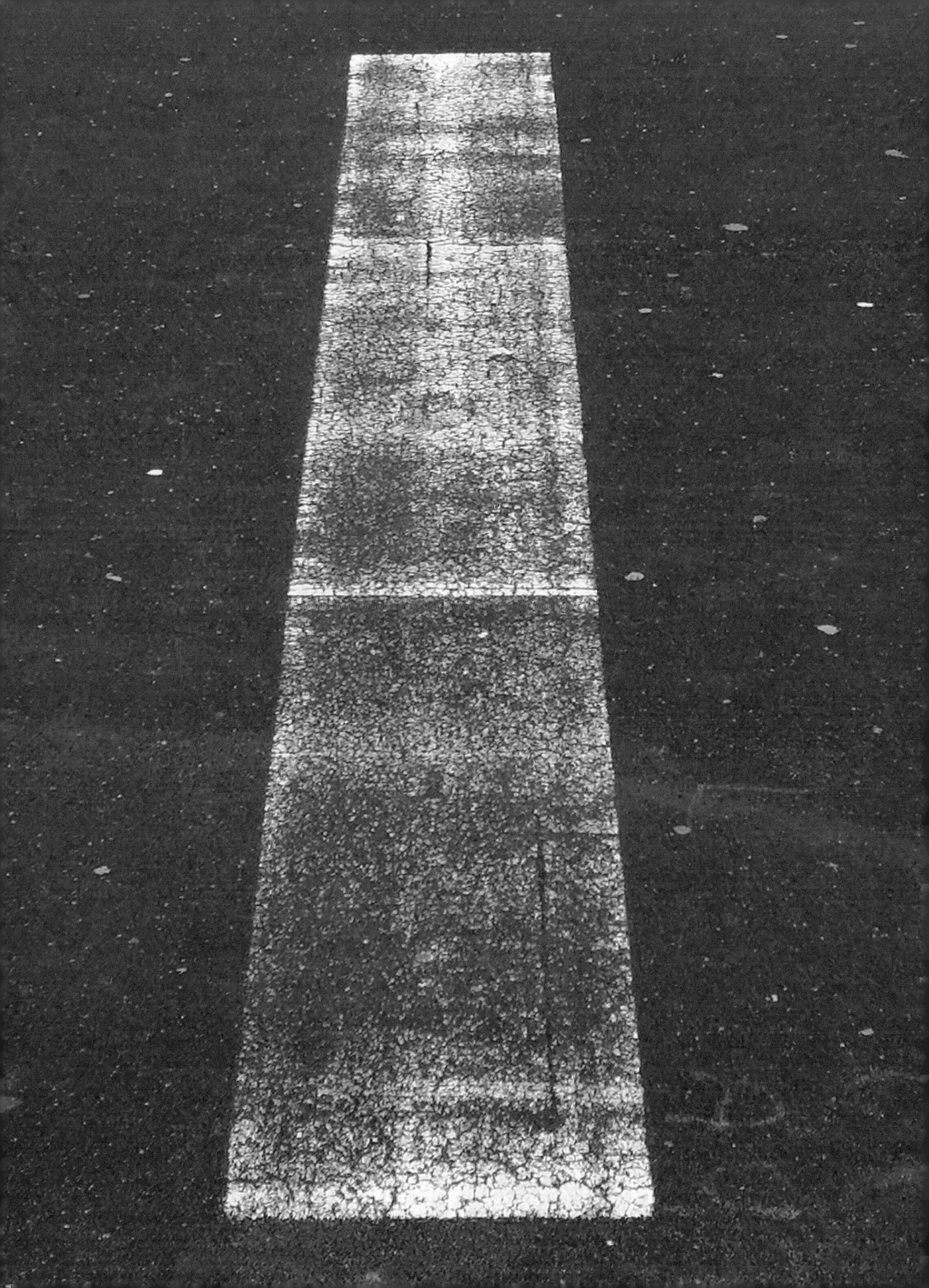

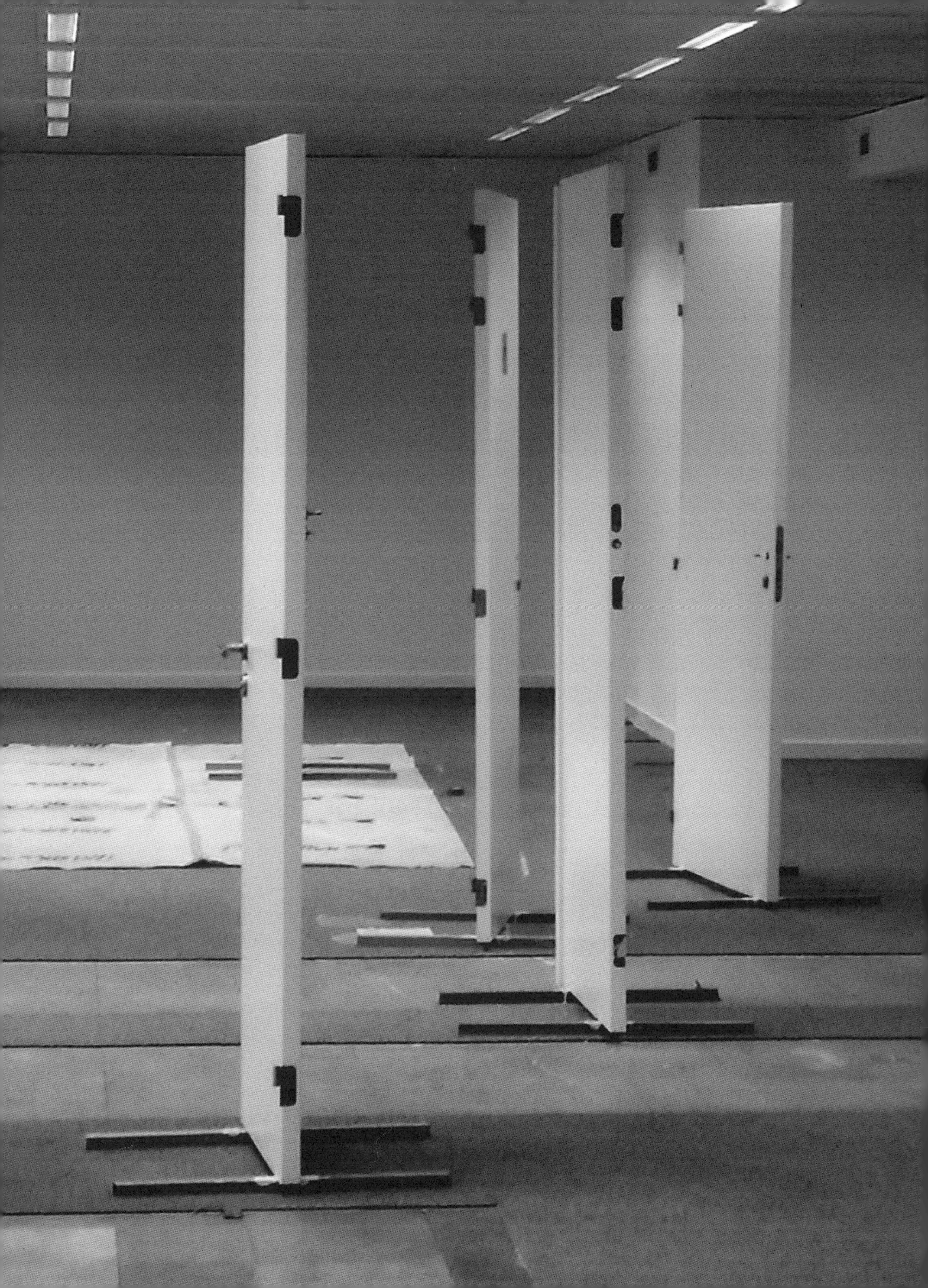

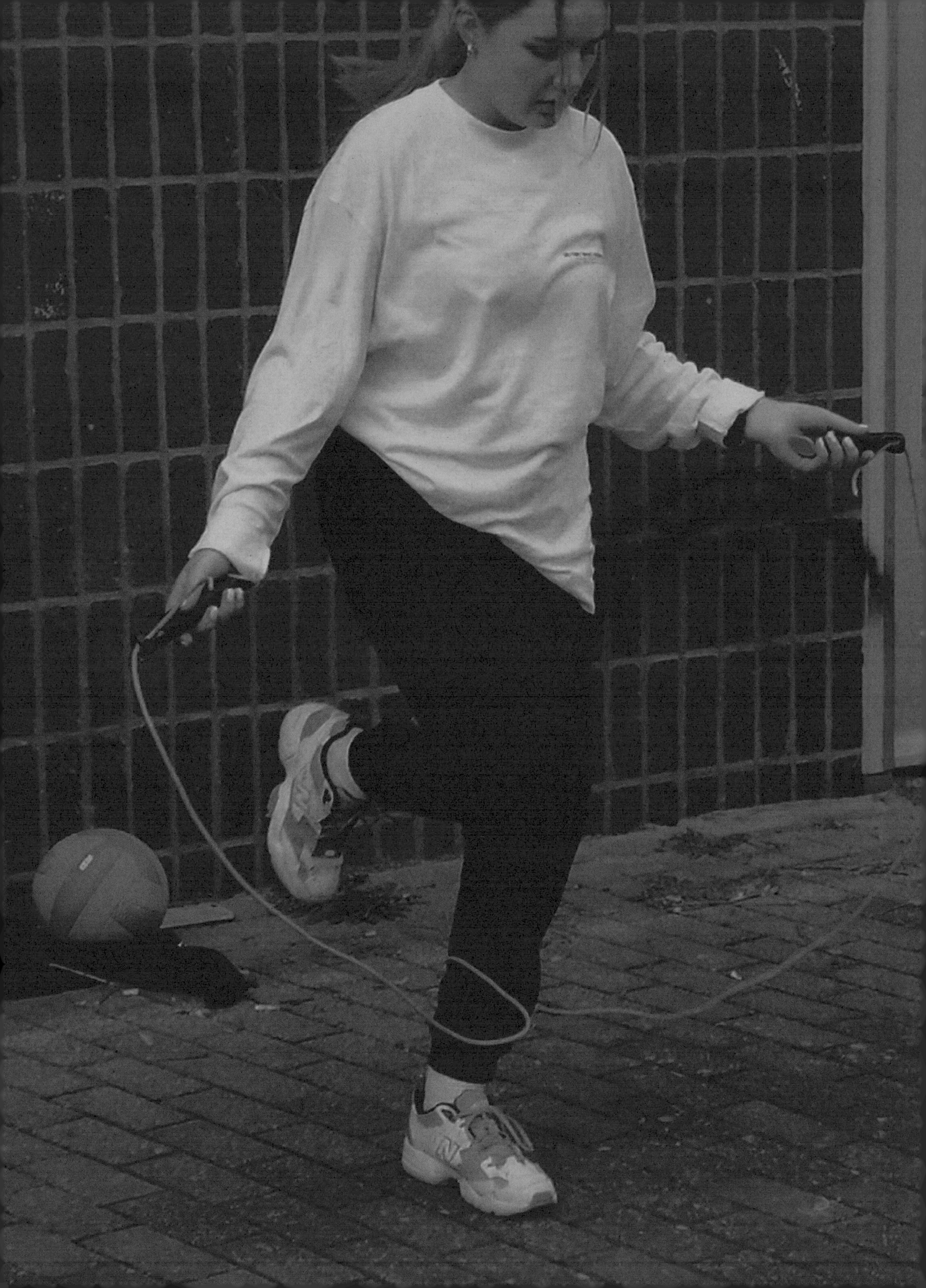

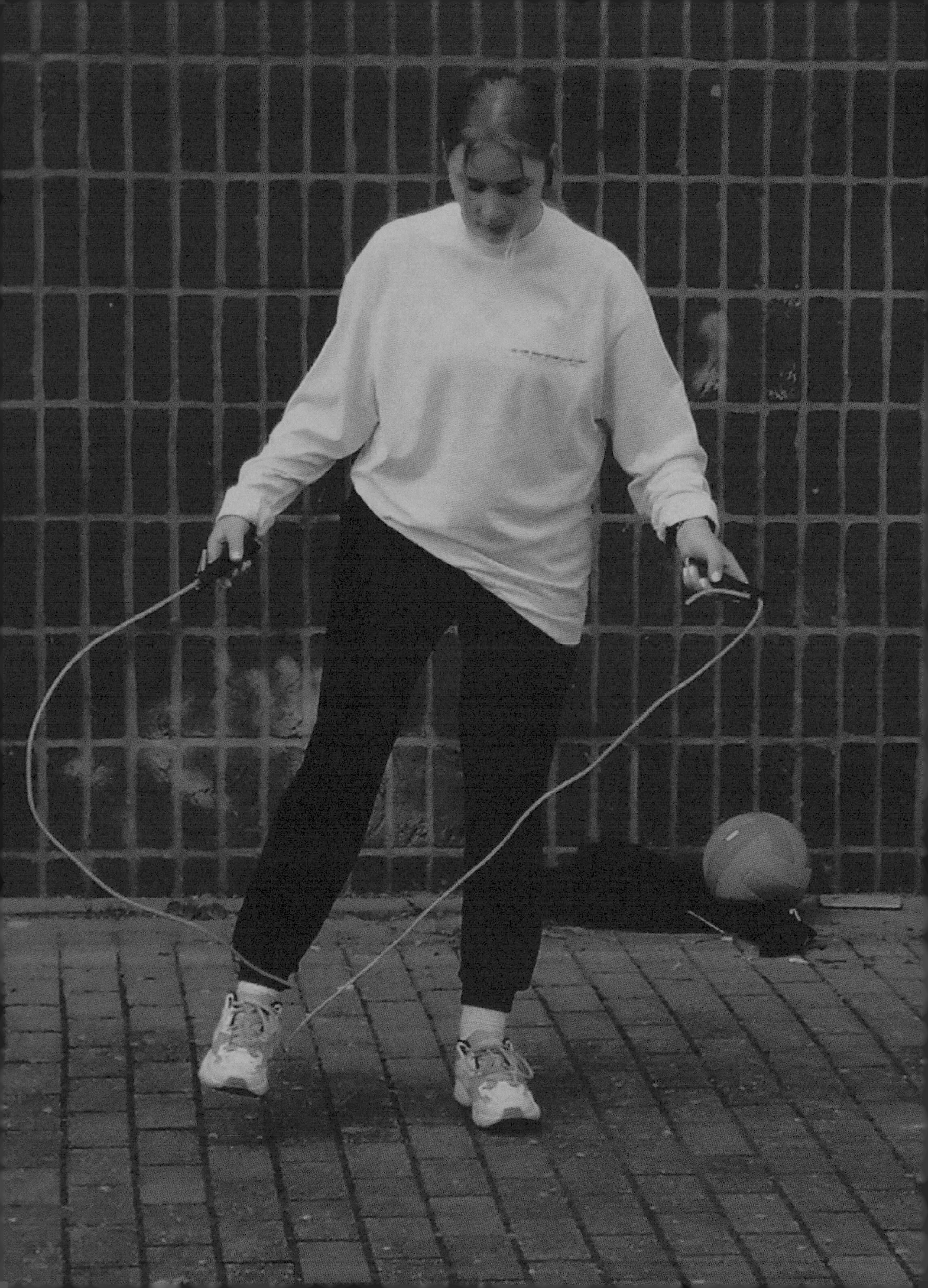

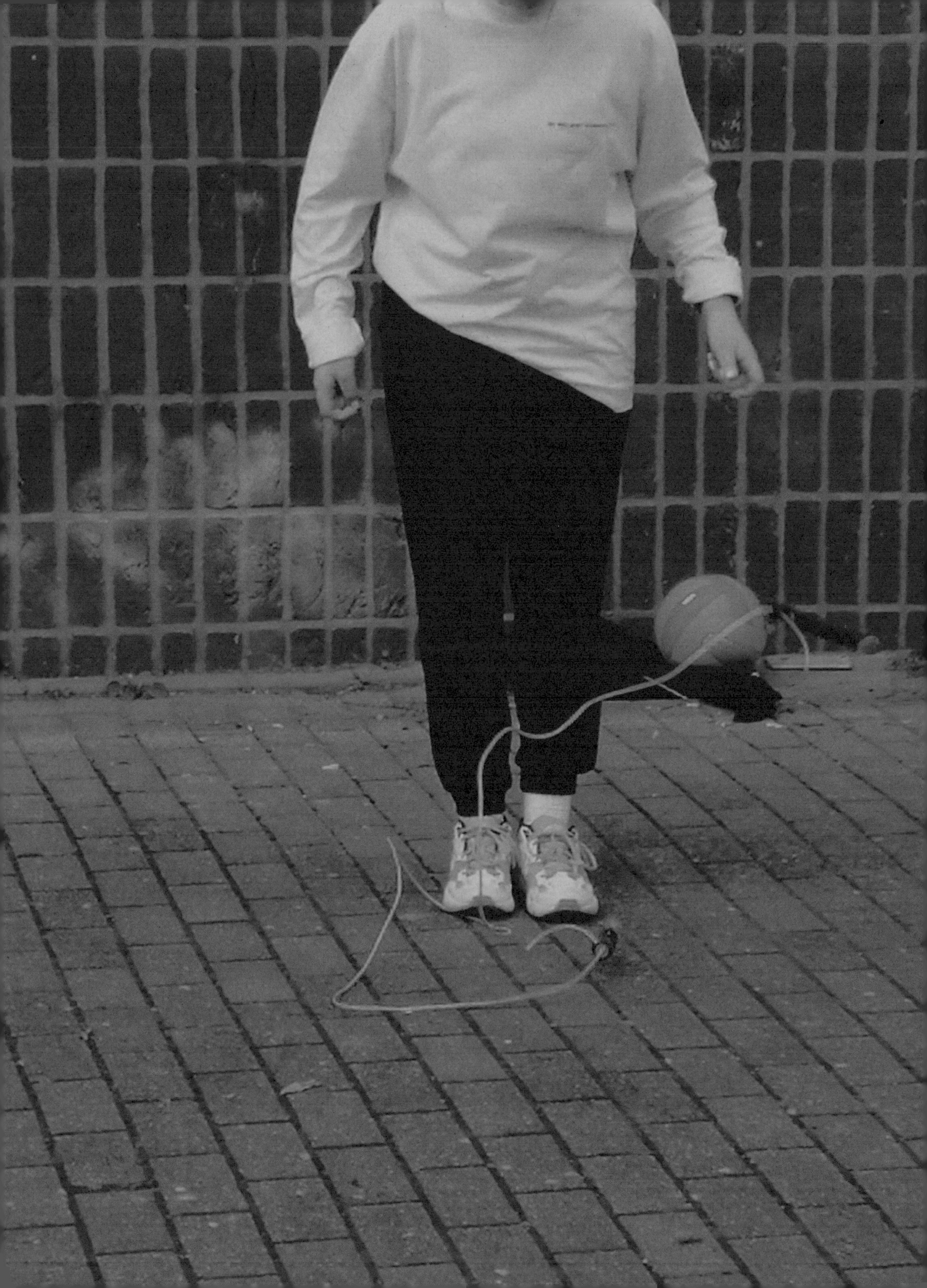

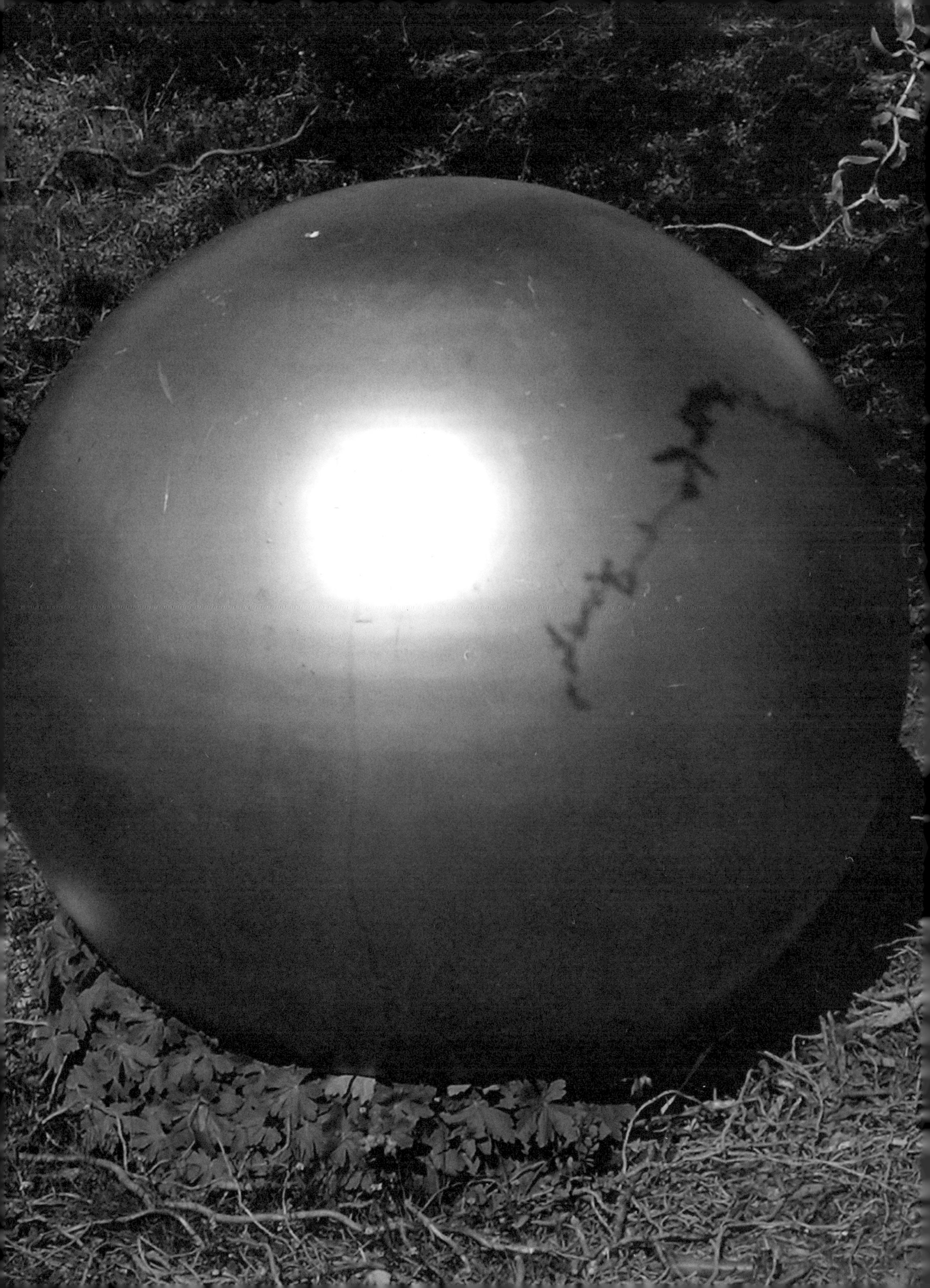

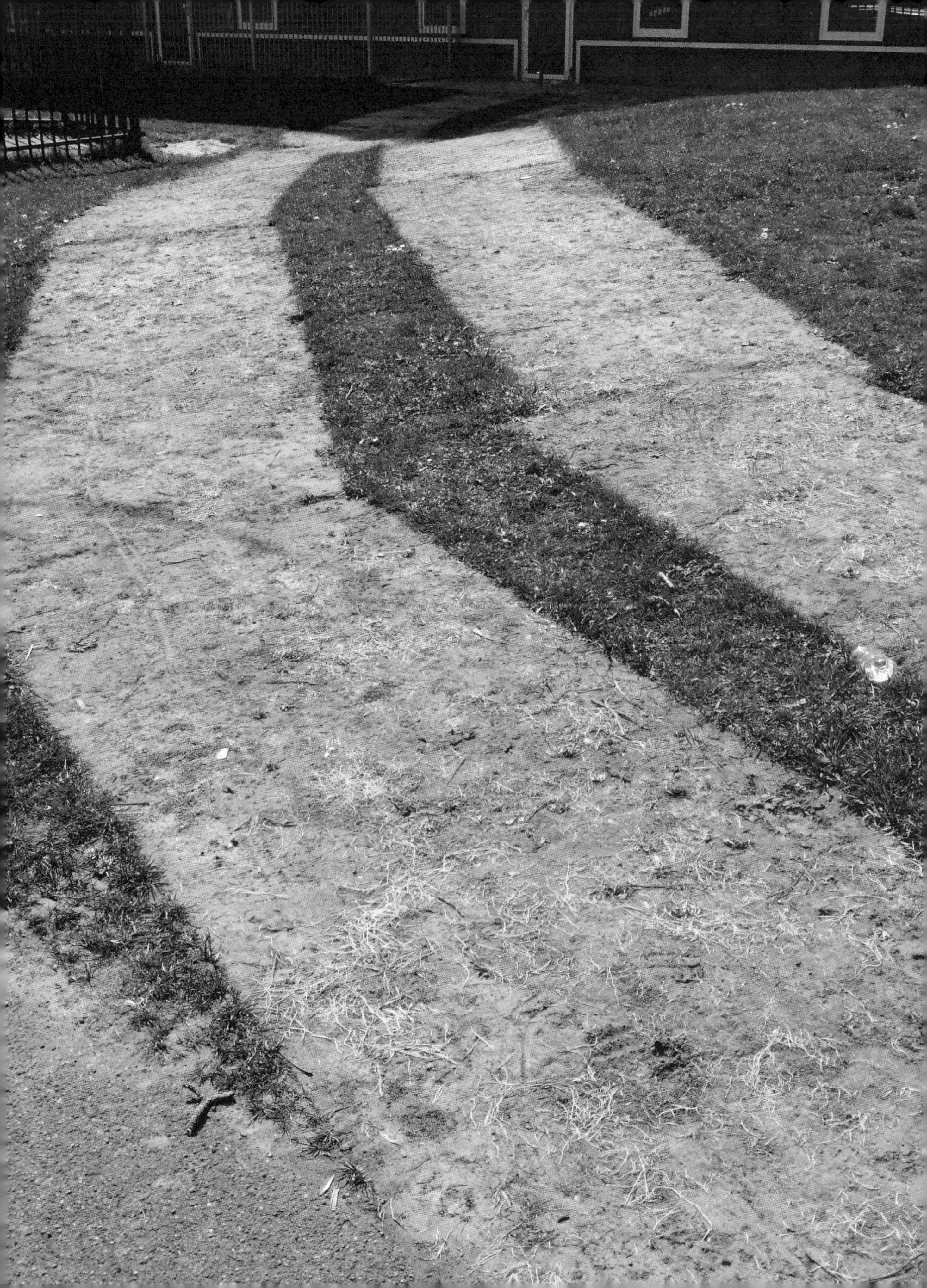

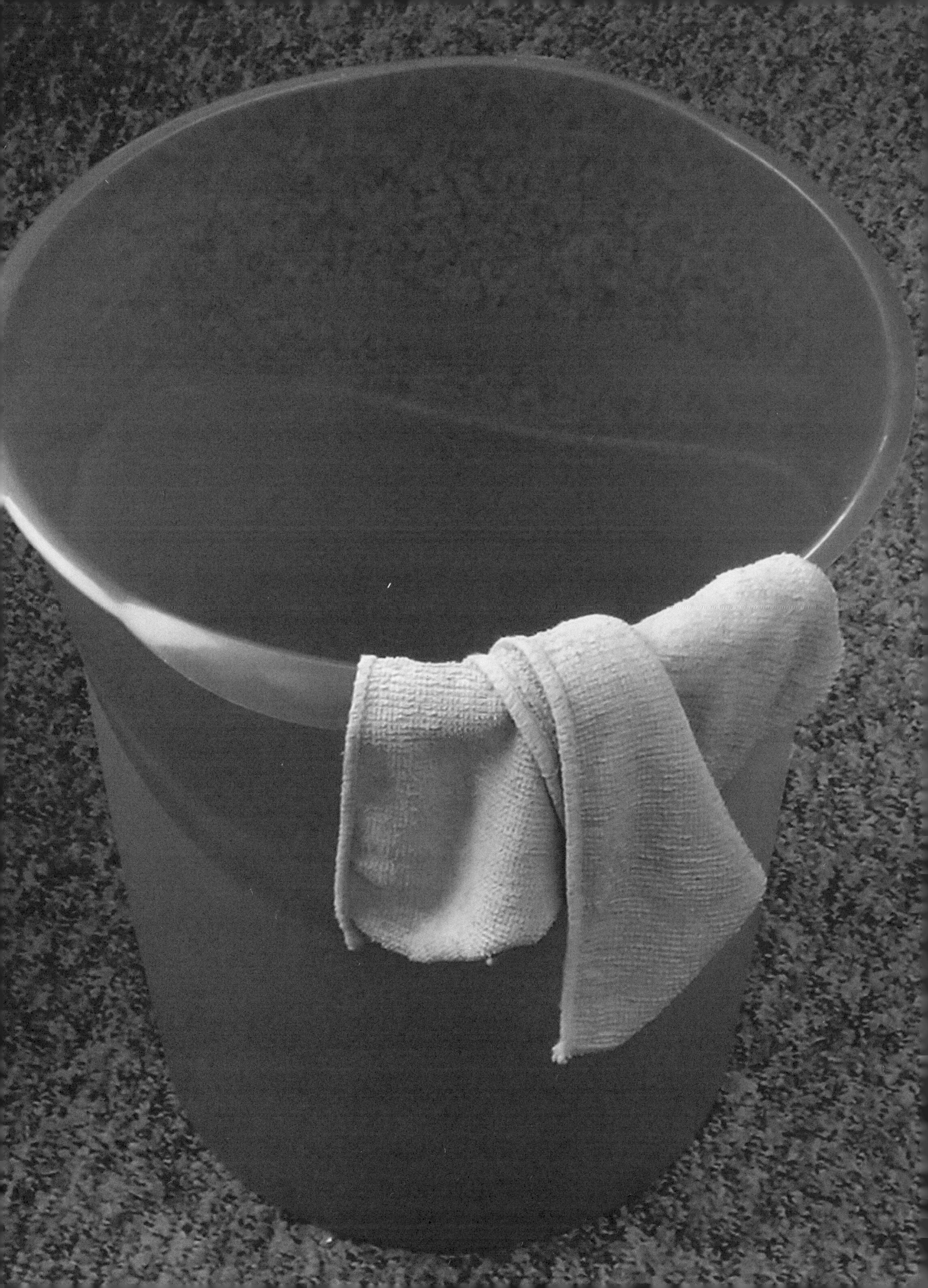

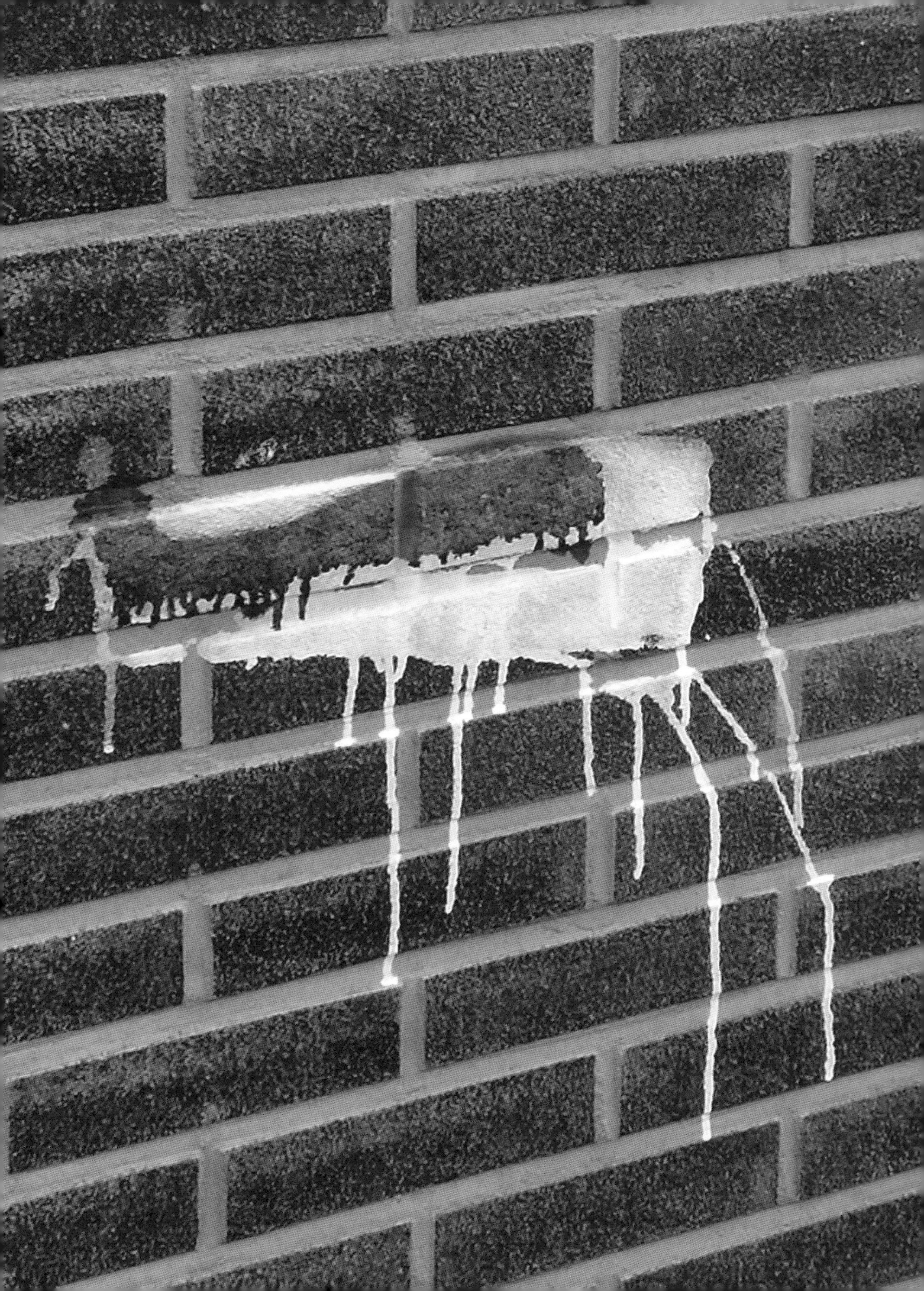

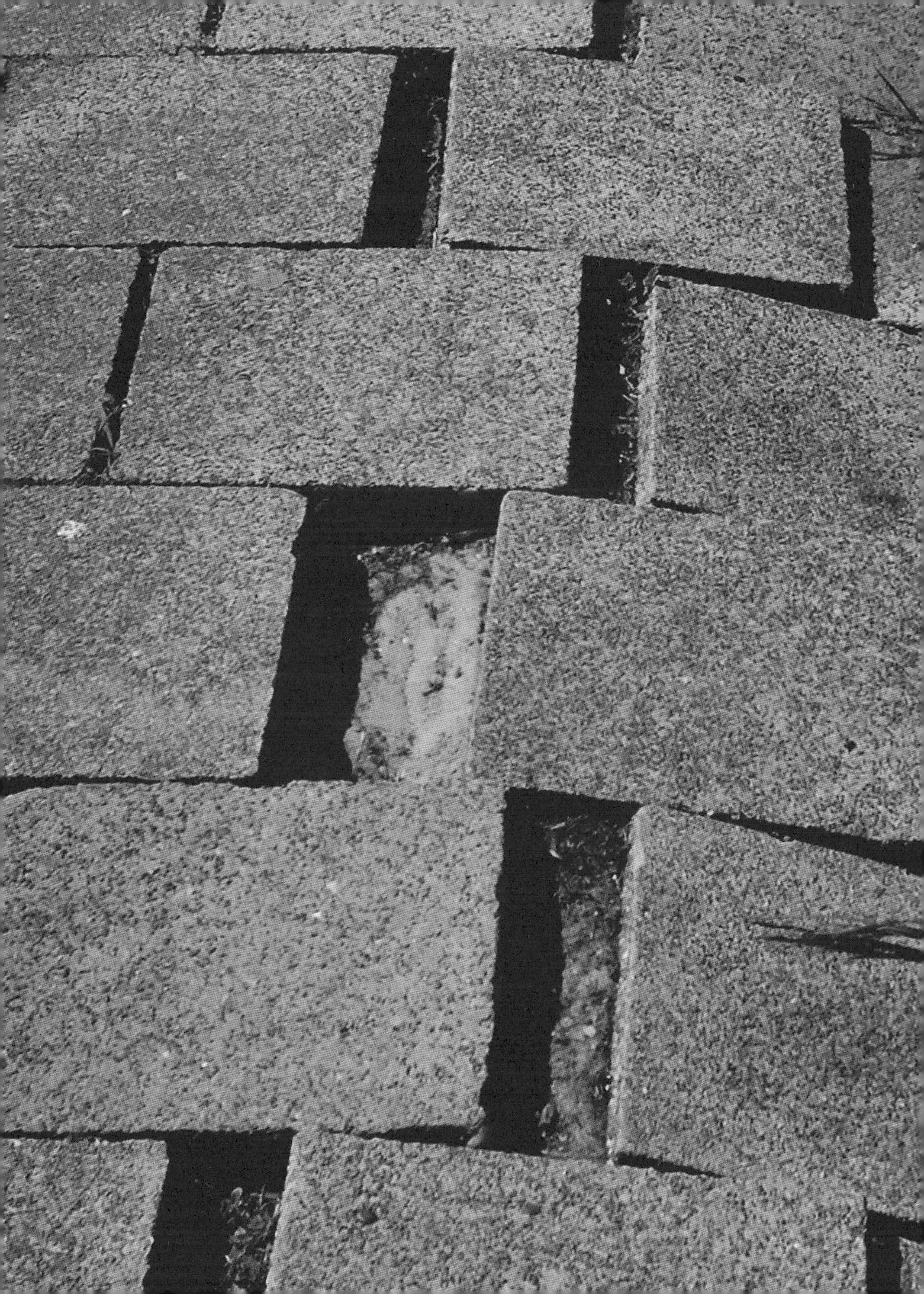

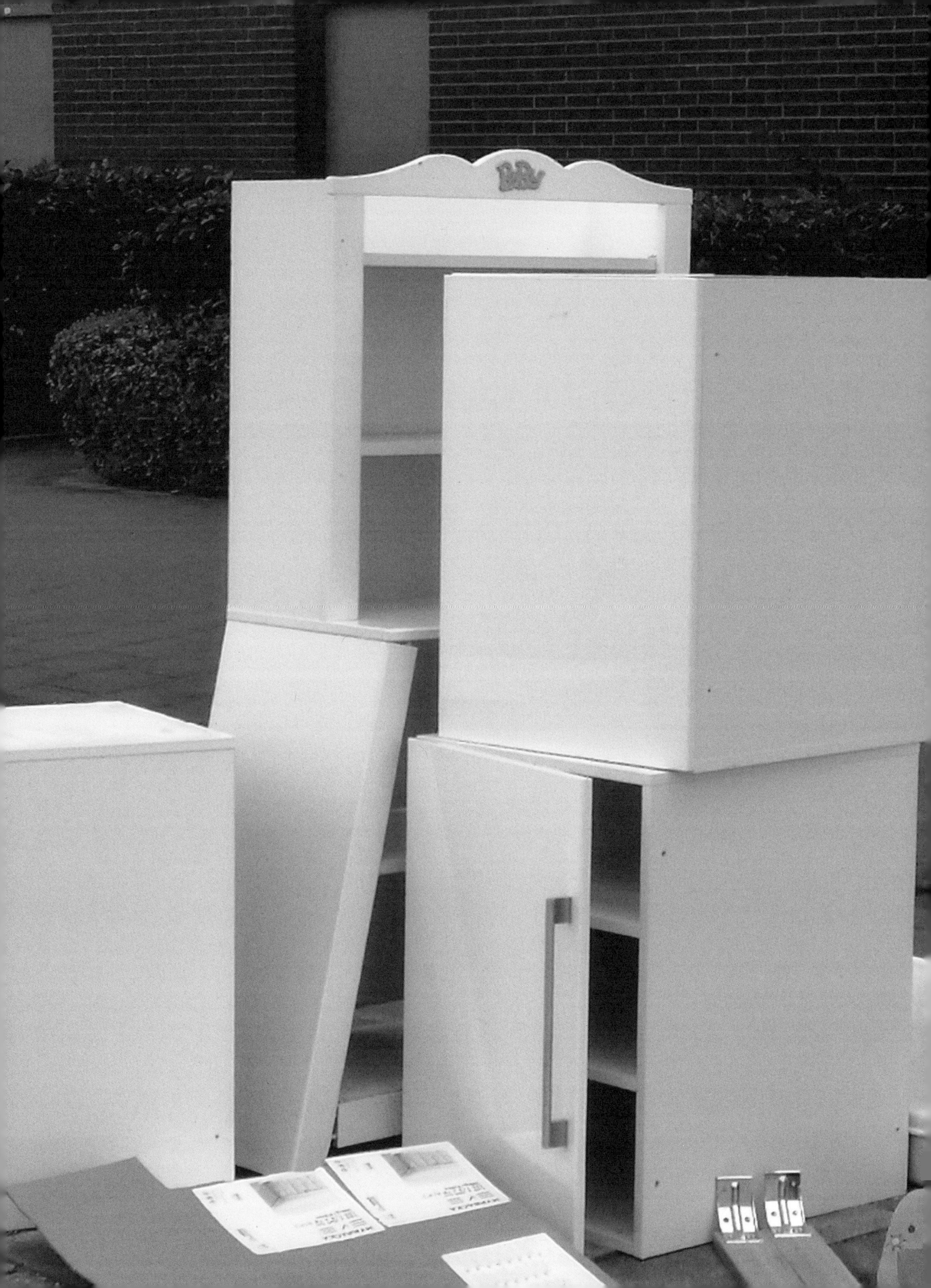

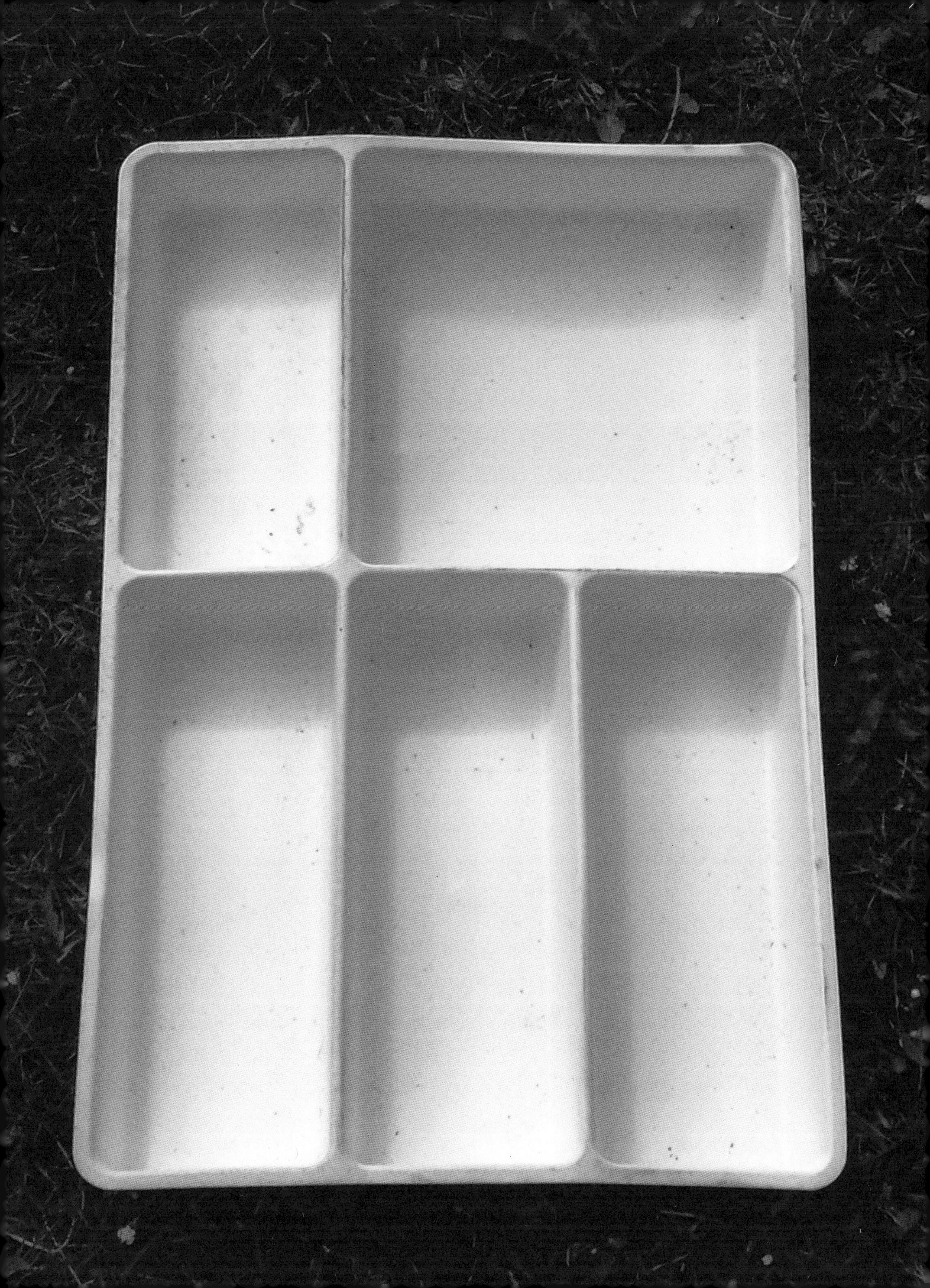

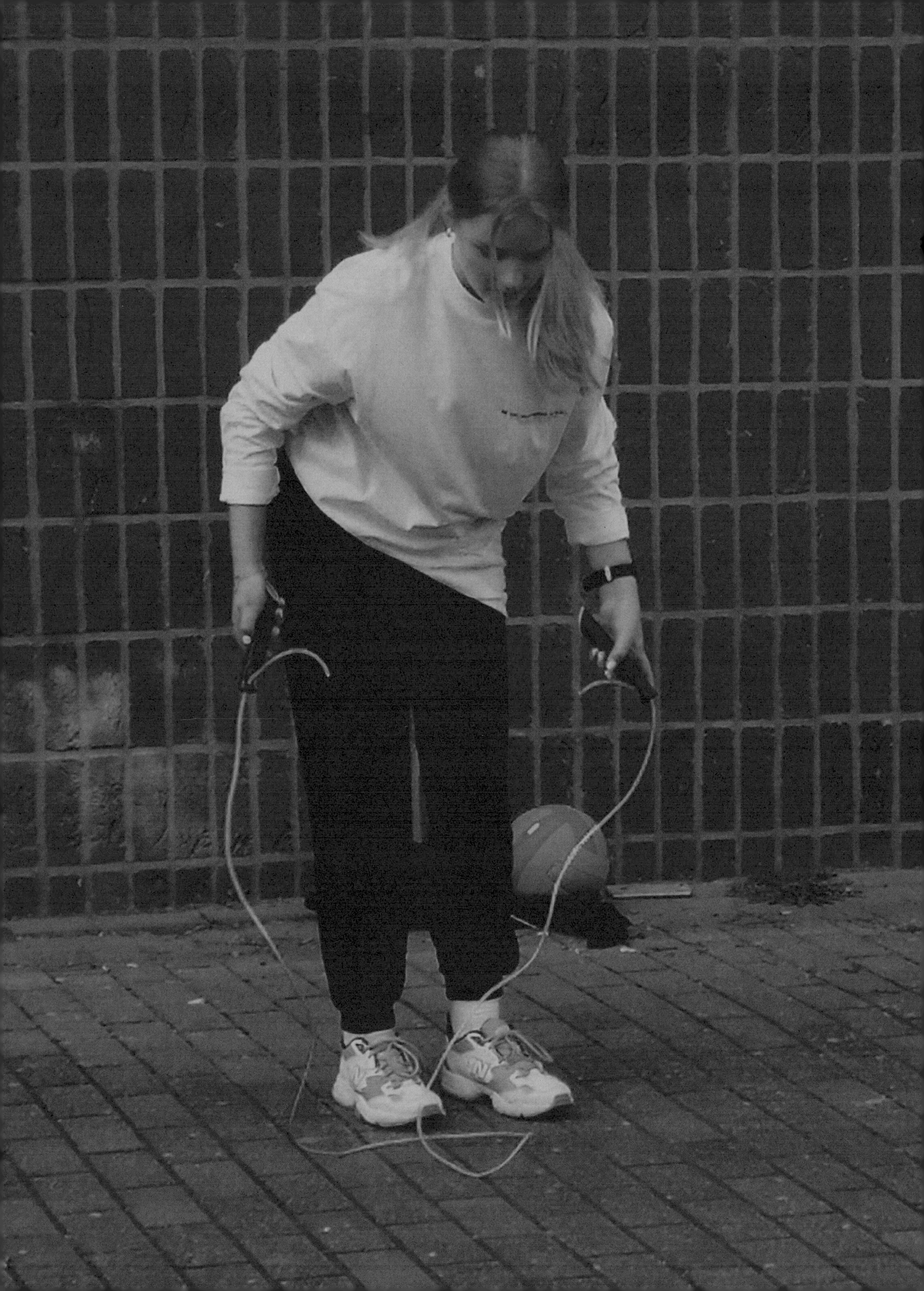

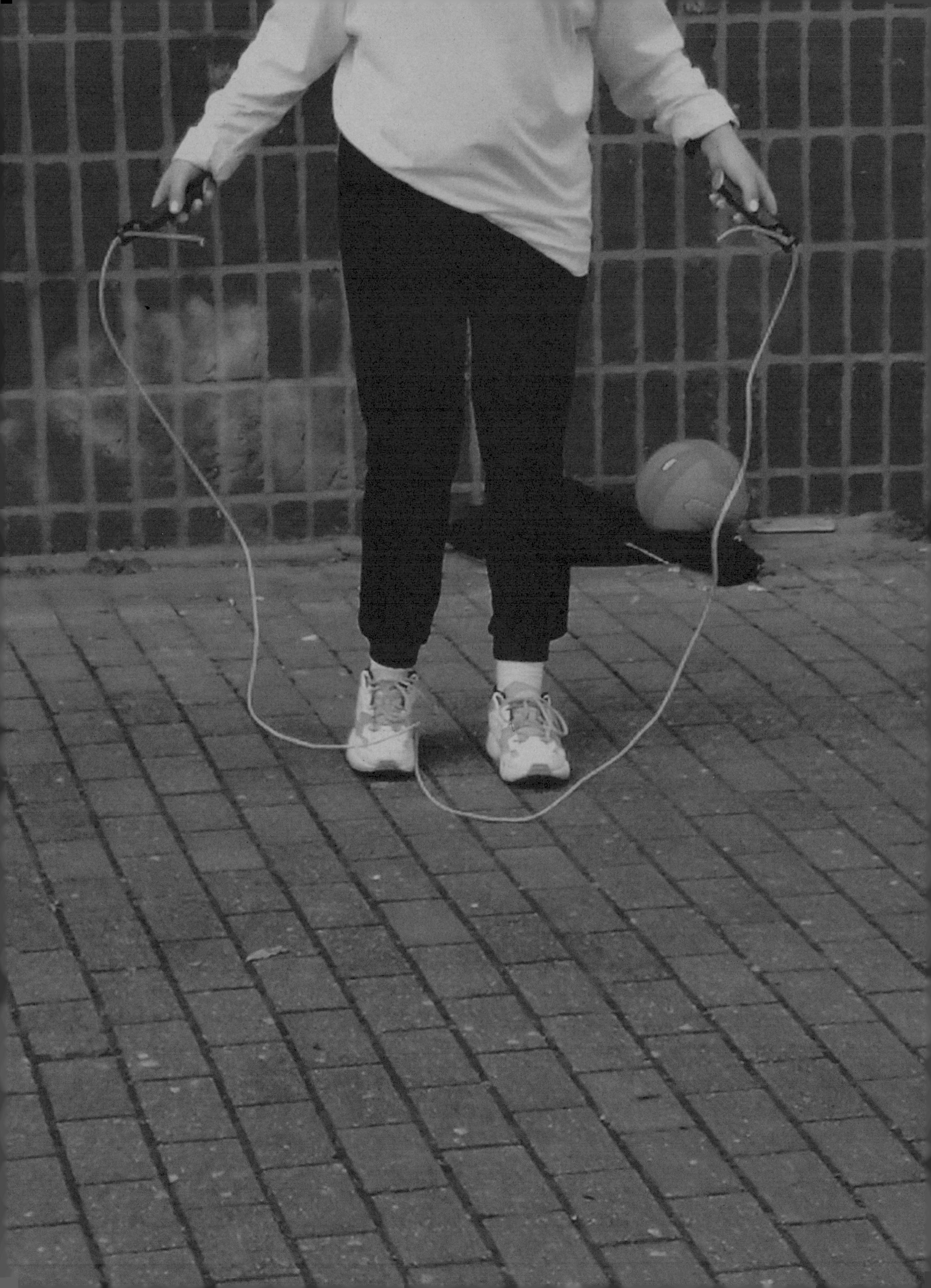

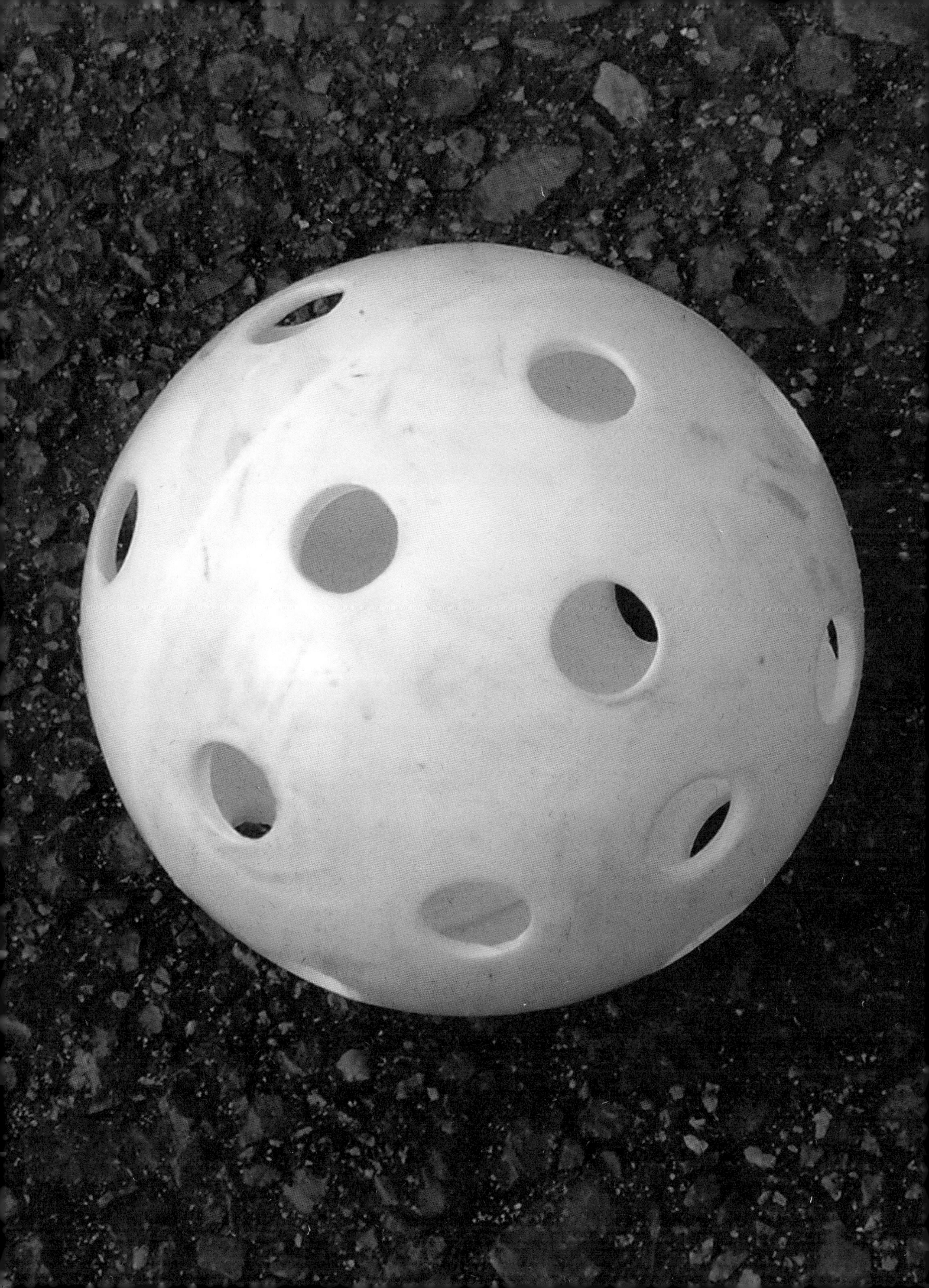

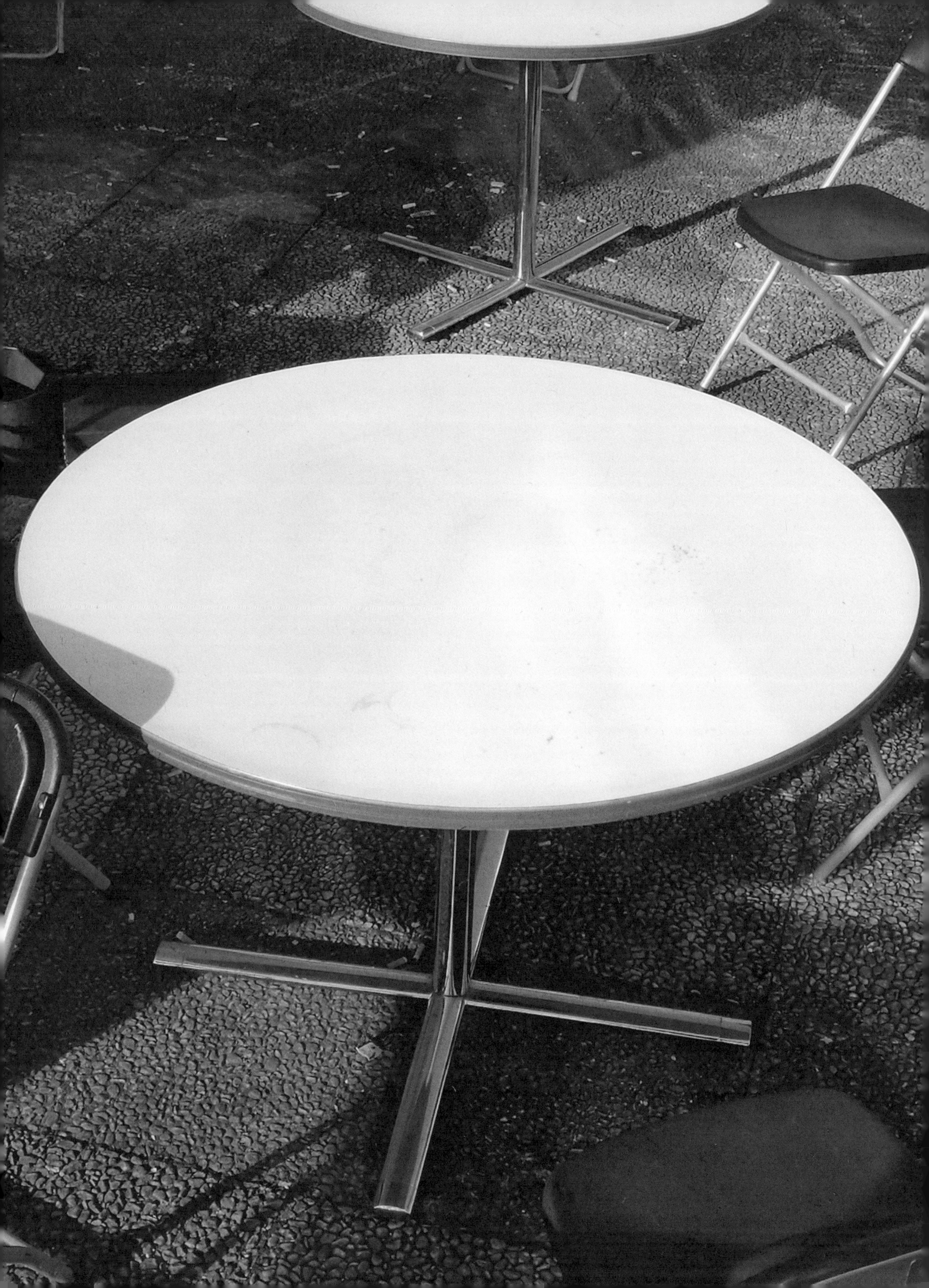

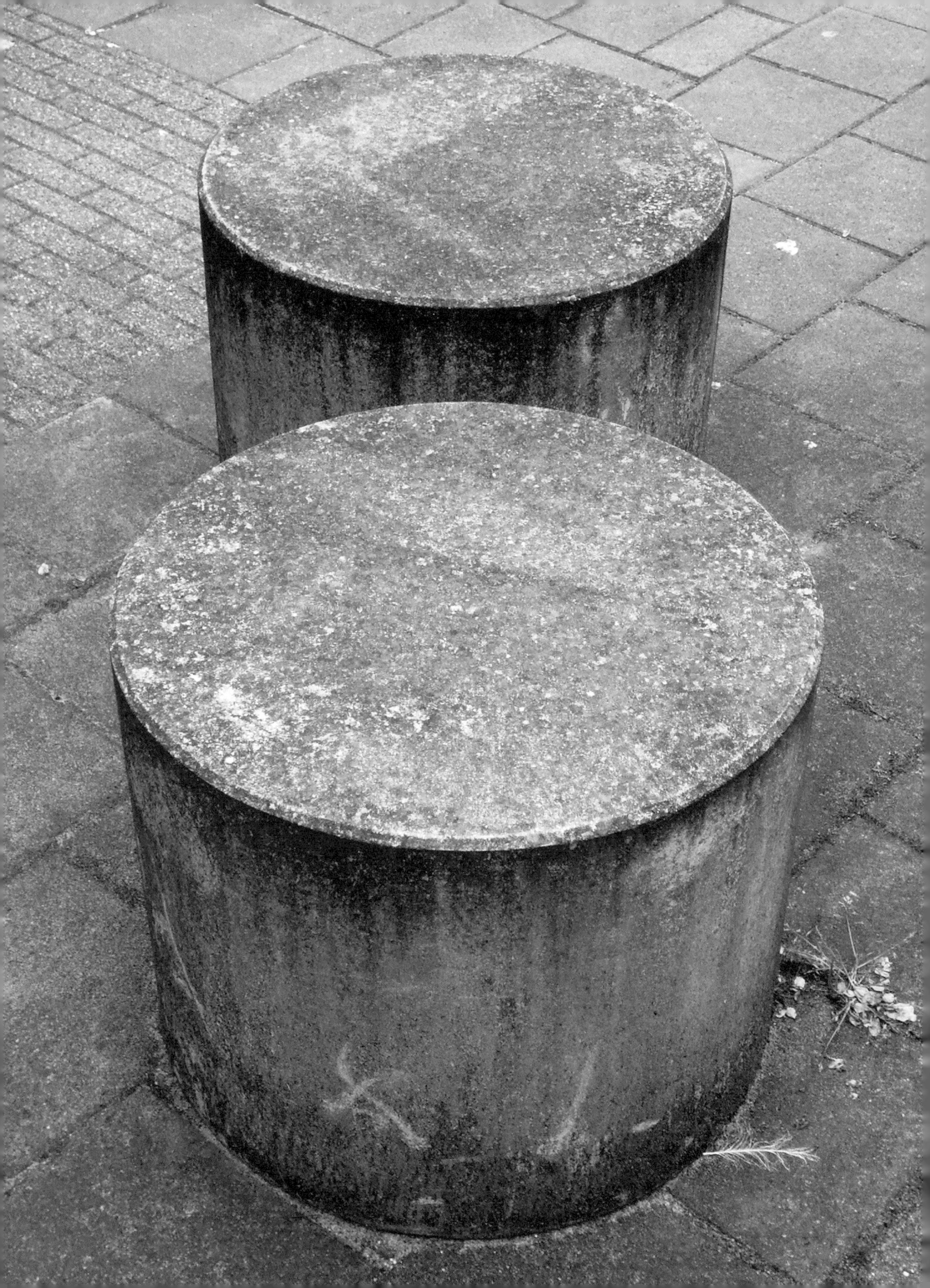

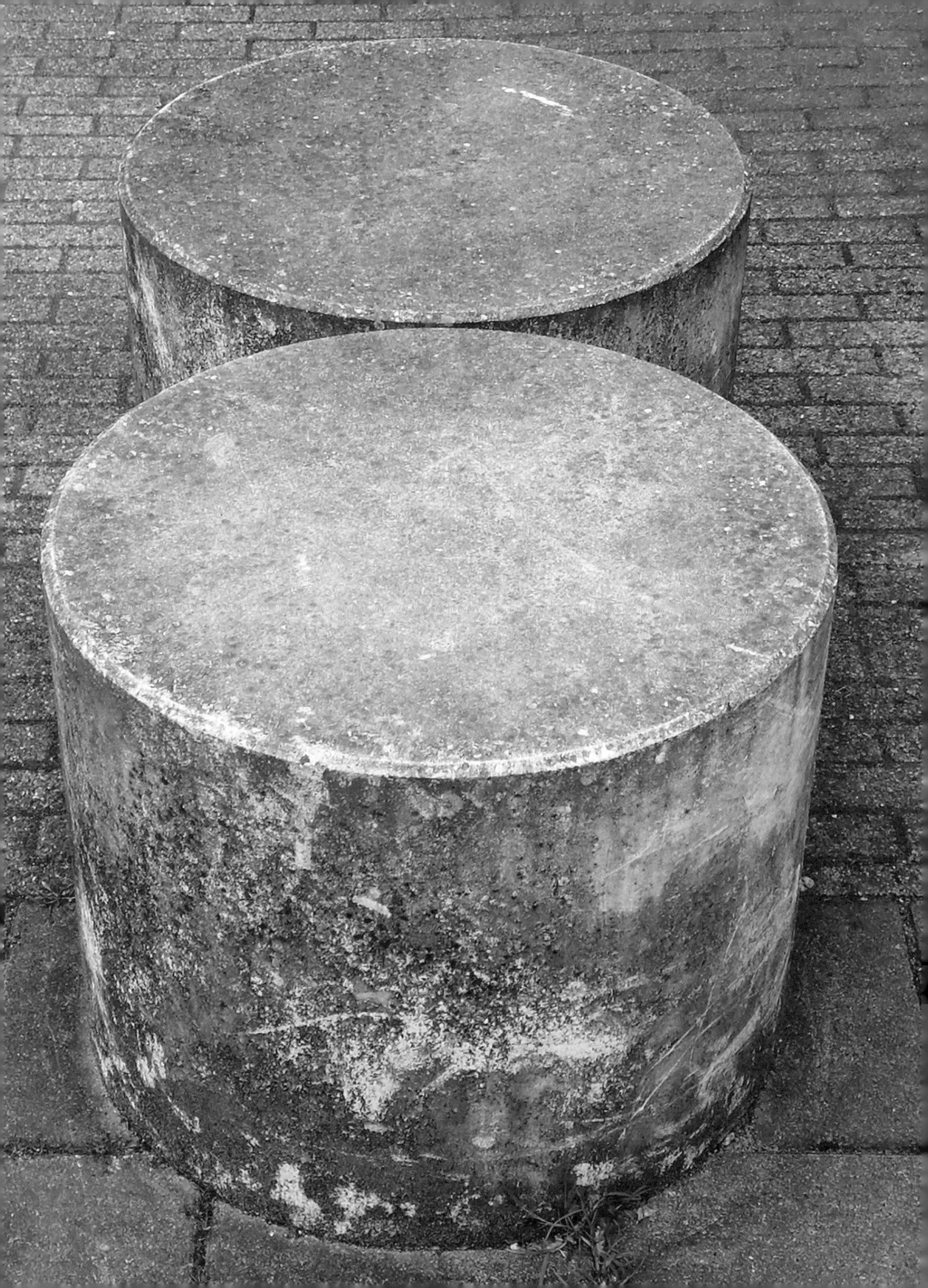

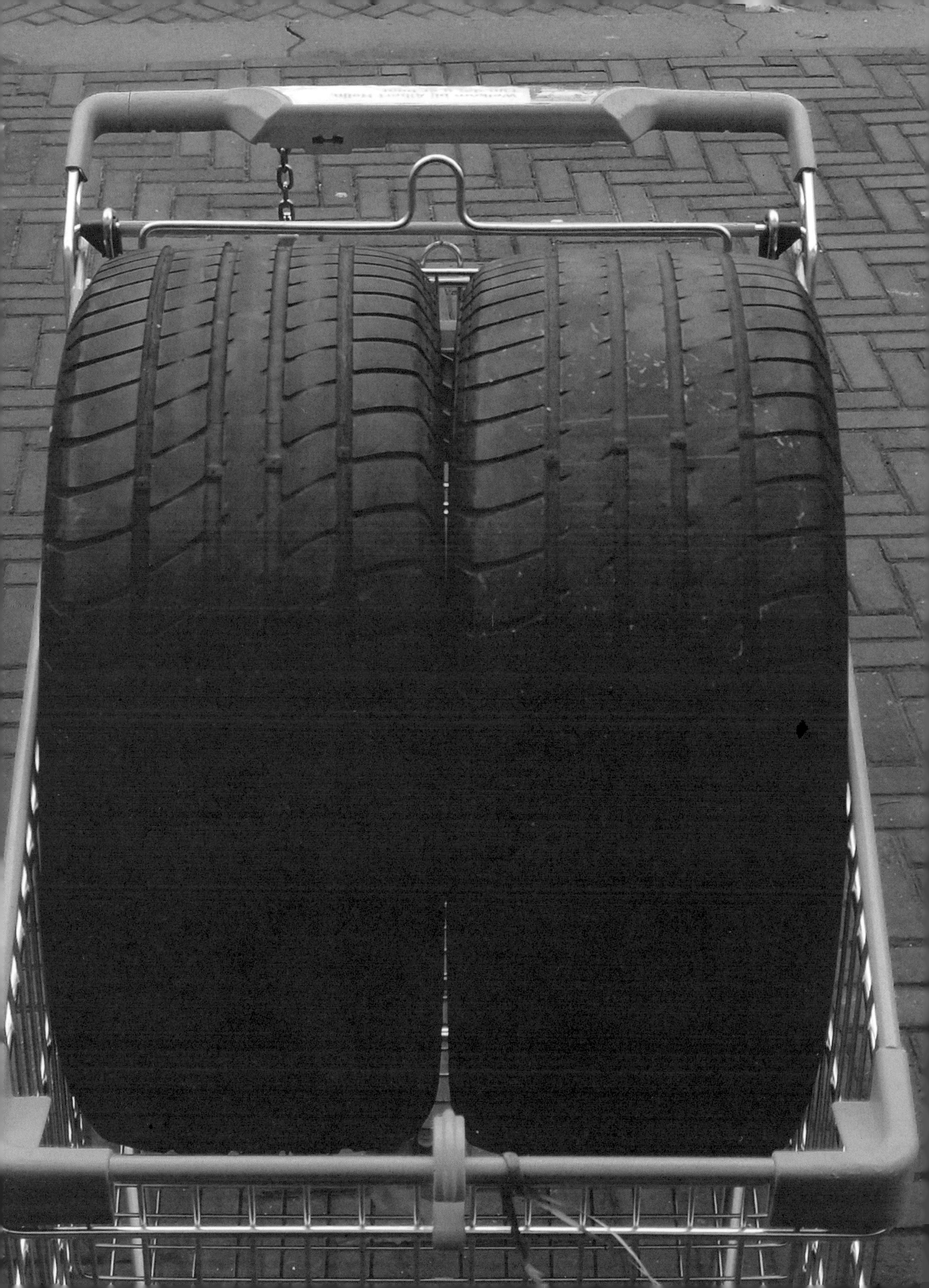